essentials

essentials liefern aktuelles Wissen in konzentrierter Form. Die Essenz dessen, worauf es als „State-of-the-Art" in der gegenwärtigen Fachdiskussion oder in der Praxis ankommt. *essentials* informieren schnell, unkompliziert und verständlich

- als Einführung in ein aktuelles Thema aus Ihrem Fachgebiet
- als Einstieg in ein für Sie noch unbekanntes Themenfeld
- als Einblick, um zum Thema mitreden zu können

Die Bücher in elektronischer und gedruckter Form bringen das Expertenwissen von Springer-Fachautoren kompakt zur Darstellung. Sie sind besonders für die Nutzung als eBook auf Tablet-PCs, eBook-Readern und Smartphones geeignet. *essentials:* Wissensbausteine aus den Wirtschafts-, Sozial- und Geisteswissenschaften, aus Technik und Naturwissenschaften sowie aus Medizin, Psychologie und Gesundheitsberufen. Von renommierten Autoren aller Springer-Verlagsmarken.

Weitere Bände in der Reihe http://www.springer.com/series/13088

Bettina Franzke

Geflüchtete in Ausbildung und Arbeit vermitteln

Eine Handreichung für
Integrationsfachkräfte

 Springer Gabler

Bettina Franzke
Hochschule für Polizei und öffentliche
Verwaltung NRW, Abt. Köln
Köln, Deutschland

ISSN 2197-6708   ISSN 2197-6716   (electronic)
essentials
ISBN 978-3-658-28800-6   ISBN 978-3-658-28801-3   (eBook)
https://doi.org/10.1007/978-3-658-28801-3

Springer Gabler
© Springer Fachmedien Wiesbaden GmbH, ein Teil von Springer Nature 2020

Springer Gabler ist ein Imprint der eingetragenen Gesellschaft Springer Fachmedien Wiesbaden GmbH und ist ein Teil von Springer Nature.
Die Anschrift der Gesellschaft ist: Abraham-Lincoln-Str. 46, 65189 Wiesbaden, Germany

Was Sie in diesem *essential* finden können

- Die Handreichung thematisiert Herausforderungen der beschäftigungs-orientierten Beratung und Vermittlung von Geflüchteten.
- Sie wendet sich an Fachkräfte in Arbeitsagenturen, Jobcentern, Kommunen und bei Bildungsträgern.
- Auch ehrenamtlich Engagierte gewinnen ein Verständnis der Aufgaben und Abläufe in Arbeitsmarktinstitutionen.
- Es werden eine Fallsammlung mit acht Critical Incidents und drei Gesprächs-leitfäden vorgestellt.
- Sie erhalten Hilfestellungen für Gespräche mit Geflüchteten: zum Umgang mit Erwartungen, zur Suche nach beruflichen Vorstellungen und Zielen sowie zur Überzeugungsarbeit hinsichtlich Ausbildung und Qualifizierung.

Inhaltsverzeichnis

Über die Autorin

Bettina Franzke ist Professorin für interkulturelle Kompetenzen und Diversity-Management an der Hochschule für Polizei und öffentliche Verwaltung NRW, Abt. Köln. 2008 bis 2013 war sie Professorin für beschäftigungsorientierte Beratung an der Hochschule der Bundesagentur für Arbeit. Ihre Arbeitsschwerpunkte sind interkulturelle Kompetenz und interkulturelles Lernen in einer Einwanderungsgesellschaft, Chancengleichheit am Ausbildungs- und Arbeitsmarkt sowie die Qualifizierung von Beratungsfachkräften und ehrenamtlich Engagierten.

Abkürzungsverzeichnis

CI(s)   Critical Incident(s)
SGB   Sozialgesetzbuch

Ziele der Handreichung 1

Die Integration von Geflüchteten ist eine zentrale gesellschaftspolitische Aufgabe in Deutschland. Die Aufnahme zugewanderter Menschen in den Arbeitsmarkt bildet dabei einen wesentlichen Punkt, welcher die Teilhabe in der Gesellschaft ermöglicht und stärkt. Geflüchtete mit guter Bleibeperspektive, also mindestens subsidiärem Schutz und einem Aufenthaltstitel, werden in der Regel mit Leistungen der Jobcenter unterstützt. Dies betrifft sowohl den Lebensunterhalt als auch die Förderung der Integration in Ausbildung und Arbeit. Einige Jobcenter haben auf die neue Kundengruppe mit der Einrichtung spezieller Fluchtteams reagiert. Und auch in den anderen bilden Menschen mit Fluchterfahrung einen nicht unwesentlichen Teil des Bestands. Zudem sind in den von Bildungsträgern durchgeführten Maßnahmen Geflüchtete signifikant vertreten.

Menschen mit Fluchthintergrund in Arbeitsmarktinstitutionen und bei Bildungsträgern heben sich in zahlreichen Aspekten von anderen Personengruppen ab (Franzke 2019a, b). Zu nennen sind u. a.:

- *die Sprachbarriere:* Die Gespräche finden teilweise mit Dolmetscher statt, ggf. dauern sie aufgrund von Sprachvermittlung länger. Sofern kein Dolmetscher zur Verfügung steht und auch dann, wenn Deutschkenntnisse bestehen, ist eine Kommunikation in einfacher Sprache angesagt (Helmle 2017). So oder so sind die Gespräche anfällig für kommunikative Missverständnisse.
- *ein hoher Kommunikationsaufwand,* da viele Erläuterungen zum Sozialsystem sowie Arbeitsmarkt in Deutschland abgegeben werden müssen.
- fehlende berufliche Orientierung, entsprechend wenig oder kein Wissen über das Bildungssystem, z. B. über die Inhalte und Chancen einer dualen Ausbildung in Deutschland.

© Springer Fachmedien Wiesbaden GmbH, ein Teil von Springer Nature 2020
B. Franzke, *Geflüchtete in Ausbildung und Arbeit vermitteln*, essentials,
https://doi.org/10.1007/978-3-658-28801-3_1

- *andere und besondere Bedarfe,* beispielsweise bezüglich der Sprachförderung, Anerkennung von im Ausland erworbenen Abschlüssen, psychischen Stabilisierung infolge von Traumatisierung oder aufgrund schwieriger Familienkonstellationen (z. B. durch Krieg und Flucht getrennte oder unvollständige Familien).
- *lange Integrationsketten:* Von der Situation des Ankommens bis zur erfolgreichen Integration in eine qualifizierte Tätigkeit auf dem deutschen Arbeitsmarkt können mitunter Jahre vergehen.

Die vorliegende Handreichung thematisiert Herausforderungen in der beschäftigungsorientierten Beratung und Vermittlung von Geflüchteten mit guter Bleibeperspektive. Es werden eine Fallsammlung mit acht Critical Incidents und drei Gesprächsleitfäden vorgestellt. Critical Incidents fokussieren Situationen, die mit der Irritation eigener Wertvorstellungen sowie der Abläufe und Gewohnheiten in Arbeitsmarktinstitutionen verbunden sind. Die Gesprächsleitfäden behandeln drei zentrale Themen der Integrationsarbeit: den Umgang mit wechselseitigen Erwartungen in der Beratung, die Suche nach beruflichen Vorstellungen und Zielen sowie die Überzeugungsarbeit hinsichtlich Ausbildung und Qualifizierung.

Die Auseinandersetzung mit Critical Incidents ermöglicht einen reflektierten und moderierten Austausch über die von Akteurinnen und Akteuren im Migrationskontext geleistete Beratung, ihre Rolle bei der Integrationsarbeit sowie über interkulturelle, flucht- und migrationsspezifische Aspekte. Sie fördern Empathie, die Bereitschaft zum Perspektivwechsel und verantwortungsbewusstes Handeln gegenüber geflüchteten Menschen.

Die Fallsammlung und Gesprächsleitfäden richten sich an Akteurinnen und Akteure am Arbeitsmarkt, die diese für das Selbststudium, als Grundlage für den Erfahrungsaustausch und als Bestandteil von Weiterbildungen nutzen können. Angesprochen sind Fachkräfte in Arbeitsagenturen, Jobcentern, Kommunen und bei Bildungsträgern. Darüber hinaus gewinnen Ehrenamtliche in der Flüchtlingshilfe ein besseres Verständnis der Aufgaben und Abläufe in Arbeitsmarktinstitutionen und können so deren Auftrag und Strategien zielgerichtet flankieren.

Entstehung der Handreichung

2

Die Handreichung entstand im Rahmen des Forschungsprojektes „Faktoren einer wirtschaftlich und sozial erfolgreichen Integration von Menschen mit Fluchthintergrund in den Ausbildungs- und Arbeitsmarkt der Metropolregion Rhein-Neckar". Das Projekt wurde vom Deutsch-Türkischen Institut für Arbeit und Bildung e. V.[1] in Kooperation mit dem Jobcenter Mannheim umgesetzt. In qualitativen Interviews und einem Workshop mit Fach- und Führungskräften war ersichtlich, dass die in Arbeitsmarktinstitutionen und von Bildungsträgern geleistete Beratungs- und Integrationsarbeit mit zahlreichen irritierenden, verunsichernden, oft auch als belastend erlebten Erfahrungen und Herausforderungen verbunden ist.

In die Konstruktion der Fälle sind die bei Hospitationen in Beratungsgesprächen gemachten Beobachtungen sowie in Gesprächen mit Fach- und Führungskräften berichtete Erlebnisse eingeflossen. Außerdem sind Erfahrungen aus Seminaren mit Integrationsfachkräften aus ganz Deutschland und ehrenamtlich Engagierten eingegangen. Die Informationen werden nicht in dokumentarischer Weise wiedergegeben, sondern wurden – zum Zwecke der Anonymisierung und aus didaktischen Gründen – verändert. Mitunter sind Elemente aus mehreren Echtsituationen in einem Fall verflochten worden. Manchmal wurde auch die

---

[1]Das Deutsch-Türkische Institut für Arbeit und Bildung in Mannheim (DTI, www. dti-mannheim.de) ist ein gemeinnütziger und neutraler Verein ohne politische Ausrichtung oder religiöse Zugehörigkeit. Das DTI fördert kulturelle, gesellschaftliche und wirtschaftliche Begegnungen und trägt dadurch zur Verständigung und Zusammenarbeit zwischen Deutschen und in Deutschland lebenden Menschen türkischer Herkunft bei. Der Verein ist neben der Bildungs-, Migrations- und Integrationsberatung auch in der Regionalforschung aktiv.

© Springer Fachmedien Wiesbaden GmbH, ein Teil von Springer Nature 2020
B. Franzke, *Geflüchtete in Ausbildung und Arbeit vermitteln*, essentials,
https://doi.org/10.1007/978-3-658-28801-3_2

Komplexität aus einer wahren Begebenheit reduziert. Merkmale der Geflüchteten wie Herkunft, Alter, berufliche Erfahrungen und Namen wurden so angepasst, dass Rückschlüsse auf Einzelfälle für Außenstehende nicht möglich sind. Im weiteren Entstehungsprozess wurden die Fallbeispiele im Sinne der Critical-Incident-Technik weiterentwickelt und für Qualifizierungsprogramme aufbereitet (Franzke 2017; Franzke und Shvaikovska 2016). Um die Lernenden mal direkt und mal aus der Distanz anzusprechen, werden die Akteurinnen und Akteure in den Critical Incidents unterschiedlich eingeführt.

Fallbeispiele 1 und 2 sind klassisch konzipiert: Es handelt eine bestimmte Fachkraft mit (fiktivem) Namen. In den Critical Incidents 3 und 5 ist neutral von „Beratungsfachkraft" die Rede. Intention dabei ist, ein breites Spektrum an Gefühlen und möglichen Irritationen bei den Lernenden zuzulassen und sie selbst entscheiden zu lassen, aus welcher Nähe oder Distanz sie auf den Fall blicken möchten. Zudem sollen bei der Interpretation Lösungen vermieden werden, die aufgrund von Geschlecht, Persönlichkeit oder anderen Merkmalen der Beratungsfachkraft zustande kommen könnten. Die Kommunikation als solche rückt in den Mittelpunkt der Analyse.

In den Fällen 4, 6, 7 und 8 werden die Leserinnen und Leser direkt angesprochen. Diese Critical Incidents haben einen hohen Aufforderungscharakter und es ist davon auszugehen, dass Fachkräfte am Arbeitsmarkt schon einmal mit den entsprechenden Themen konfrontiert wurden. Die Identifikation mit den handelnden Personen ist hier am höchsten, die Analyse unter Einbeziehung persönlicher Empfindungen und Werte am emotionalsten.

Der Fall 3 in der Sammlung sticht mit seiner hohen Komplexität heraus, die für Critical Incidents nicht üblich und in didaktischer Hinsicht normalerweise nicht wünschenswert ist. Hier wurde der Versuch unternommen, die in der Migrationsberatung anzutreffenden Erwartungshaltungen zugewanderter Menschen abzubilden. Die Lernenden sind aufgefordert herauszufinden, was an der Situation Irritationen auslösen kann. Von inhaltlichen Diskussionen einzelner Punkte sollte abgesehen werden.

Die vorgestellten Critical Incidents gehen vom Modell persönlicher Ansprechpartnerinnen und Ansprechpartner in einem Jobcenter aus, die sowohl für die Leistungsgewährung als auch für den Bereich Markt und Integration verantwortlich sind. Jobcenter, in denen die Beratungs- und Integrationsfachkräfte die Bereiche Leistung und Arbeitsvermittlung voneinander trennen, werden gleichwohl mit den Fällen lernen können. Ggf. gibt es leicht abgewandelte Antworten beim Rollenverständnis der Akteurinnen und Akteure am Arbeitsmarkt. Die in den Fällen und Lösungsskizzen beschriebenen Linien sind aber in den Grundzügen dieselben.

Die Integration von Geflüchteten in den Arbeitsmarkt und Aufgaben von Integrationsfachkräften

3

Der idealtypische Prozess der Integration in Ausbildung und Arbeit besteht aus fünf Stufen (s. Tab. 3.1): Er reicht von der Sprachförderung über berufliche Orientierung und ggf. Qualifizierung bis hin zur nachhaltigen Vermittlung in Erwerbsarbeit (Franzke 2019a).

Wie lange sich eine Person mit Fluchthintergrund in den jeweiligen Phasen aufhält, ist individuell. In der Regel kommen die Geflüchteten frühestens zwei Jahre nach Antragstellung auf Grundsicherung im dritten Schritt an. Erst hier beginnen Akteurinnen und Akteure am Arbeitsmarkt mit ihren originären Aufgaben, das heißt sie fördern die berufliche Orientierung und Qualifizierung und unterstützen bzw. flankieren die Vermittlung in Ausbildung und Arbeit mit Maßnahmen und Instrumenten. Bis eine Person mit Fluchthintergrund eine Ausbildung oder Erwerbsarbeit aufnimmt, vergehen nicht selten drei Jahre oder mehr. Qualifizierungszeiten eingeschlossen, können Integrationsprozesse von über sechs Jahren entstehen, die von den auf Geflüchtete spezialisierten Fachkräften im Jobcenter gesteuert werden.

Auf die Integration in Ausbildung und Arbeit nehmen verschiedene Faktoren Einfluss (Franzke 2019a):

1. Lebenssituation und Merkmale der Geflüchteten

Die beruflichen Vorerfahrungen reichen von akademischen Berufen (z. B. Lehrer, Apotheker oder Ingenieure), über Beschäftigungen im Dienstleistungsbereich (z. B. Verkauf) und handwerkliche Arbeiten bis hin zu Helfertätigkeiten (Hagen 2019). Ob es Geflüchtete schaffen, in den Arbeitsmarkt integriert zu werden, hängt zu einem großen Teil von ihrer Lebenssituation ab. Günstig hinsichtlich der Integration wirkt sich eine stabile Lebenssituation aus, die von einem sicheren Aufenthaltsstatus, einer geordneten Wohnsituation und einem

Tab. 3.1 Stufen der Integration von Geflüchteten in Ausbildung und Arbeit (Gesamtprozess)

Nr.	Stufe und Unterstufen	Zeitansatz
1	Integration vorbereiten 1a Stabilisierung der Wohnsituation 1b Förderung der psychischen Stabilität 1c Beantragung der Anerkennung vorhandener Qualifikationen (Studien- und Berufsabschlüsse)	nach Bedarf
2	Integrationskurs, ggf. Alphabetisierung bzw. Schule/Vorbereitungsklasse	mindestens 1 Jahr
3	Berufsbezogene Deutschförderung	6–12 Monate
4	Berufsorientierung	unterschiedlich
5	Qualifizierung 5a Ausbildung 5b Studium 5c (Anpassungs-) Qualifizierung	2–3 Jahre 3–5 Jahre nach Bedarf
6	Erwerbsarbeit	

motivierenden sozialen Umfeld geprägt ist. Umgekehrt können die gegenteiligen Lebensumstände, darunter prekäre Beschäftigungsverhältnisse, eine Integration enorm erschweren oder zurückwerfen. Ein Familiennachzug kann sich auf den Einzelnen stabilisierend auswirken, aber auch im Gegenteil die bisherige Stabilität angreifen, beispielsweise wenn eine neue, große Wohnung gefunden werden muss und der bisherige Verdienst aus Erwerbsarbeit nicht mehr ausreicht.

Bei den persönlichen Merkmalen wirken sich psychische Stabilität, gute Deutschkenntnisse, die Bereitschaft zur Um-/Neuorientierung und realistische berufliche Perspektiven günstig auf die Erwerbsintegration aus. Ferner sind eine Kooperationsbereitschaft mit dem Jobcenter, die Bereitschaft für einen Neuanfang und zur Integration, Offenheit im Allgemeinen, Zuversicht, Frustrationstoleranz, Geduld, eine hohe Motivation und Lernbereitschaft Erfolg versprechende Eigenschaften. Den Integrationsprozess erschweren die entsprechend gegenteiligen Merkmalsausprägungen, insbesondere unzureichende Deutschkenntnisse, psychische Instabilität, Schwierigkeiten bei der Orientierung im Bildungs- und Ausbildungssystem, fehlendes Systemverständnis im Allgemeinen, geringe Kooperationsbereitschaft mit dem Jobcenter, mangelnde Motivation und fehlende Offenheit für berufliche Neuorientierung. Kulturelle und religiöse Aspekte spielen im Prozess der Integration in der Regel keine Rolle. Wenn das jedoch der Fall ist, dann sind diese hemmend.

2. Arbeit und Leistungen der Arbeitsmarktinstitutionen

Die Jobcenter unterstützen und flankieren den gesamten, teils langwierigen Integrationsprozess durch Leistungsgewährung, beschäftigungsorientierte Beratung und Vermittlung sowie Hilfe in schwierigen Lebenslagen.

Kernaufgaben in der beschäftigungsorientierten Beratung und Vermittlung, die über das Gelingen einer Integration zentral mitentscheiden, sind nach Franzke (2019a, b):

- *Steuerung des gesamten Integrationsprozesses* von Stufe 1 bis 6, wobei die Schritte 4 bis 6 in den Kernbereich der Jobcenter fallen: Der Integrationsprozess muss für jeden Einzelnen, mitunter auch im Gefüge einer mehrere Personen umfassenden Bedarfsgemeinschaft, geplant, initiiert, umgesetzt, kontrolliert, ggf. angepasst und evaluiert werden. Im Rahmen der verschiedenen Prozessschritte müssen sich die Fachkräfte mit verschiedenen Schnittstellen und Netzwerkpartnern abstimmen und mit diesen zusammen arbeiten.
- *Management von Erwartungen,* welche die Geflüchteten an die Fachkräfte im Jobcenter herantragen: Wechselseitige Erwartungen und Rollen werden tagtäglich mit den Geflüchteten verhandelt, das heißt, es wird stets aufs Neue geklärt, welche Hilfe das Jobcenter leisten kann und welche nicht. Da das Management von Erwartungen maßgeblich für den weiteren Gesprächsverlauf, die Etablierung eines Arbeitsbündnisses und die weitere Zusammenarbeit mit den Ratsuchenden ist, wurde hierfür ein Gesprächsleitfaden entwickelt, der im Abschn. 6.1 abgelegt ist.
- *Förderung von Orientierung im System:* Die Arbeit der Fachkräfte im Jobcenter besteht häufig darin, das Sozial-, Bildungs- und Ausbildungssystem zu erklären.
- *Entwicklung, Erprobung und Umsetzung beruflicher Perspektiven, Überzeugungsarbeit hinsichtlich Ausbildung und Qualifizierung:* Fachkräfte in Jobcentern sind intensiv damit beschäftigt, zusammen mit den Geflüchteten berufliche Perspektiven zu entwickeln, zu erproben und umzusetzen. Die Arbeit an beruflichen Vorstellungen und Zielen ist eine Kernaufgabe, ebenso wie die Überzeugungsarbeit bezüglich der Notwendigkeit und Bedeutsamkeit von Ausbildung und Qualifizierung. Für die Beratungsarbeit hinsichtlich

der Entwicklung beruflicher Vorstellungen sowie zur Argumentation für Ausbildung und Qualifizierung können Fachkräfte auf Gesprächsleitfäden zurückgreifen, die in den Abschn. 6.2 und 6.3 wiedergegeben sind.

Die Qualität der vom Jobcenter angebotenen Leistungen steht und fällt zum einen mit dem Fachwissen, dem Engagement und Selbstverständnis der Fachkräfte. Zum anderen spielen die Rahmenbedingungen und Strukturen in den Jobcentern eine Rolle, in welche die Arbeit mit Geflüchteten eingebunden ist. Der sich aus der gesetzlichen Aufgabe ergebende Zwangskontext, in dem Beratungen und Leistungsgewährung im Jobcenter stattfinden, ist stets mitzudenken. Dieser ist nicht verhandelbar. Beeinflussbar sind die Fallzahl pro Fachkraft sowie die Frage, inwieweit Wissen und Kompetenzen über geflüchtete Kundinnen und Kunden in spezialisierten Teams gebündelt wird.

3. Angebote und Maßnahmen der Arbeitsmarktinstitutionen und Bildungsträger

Einfluss auf die Integration von Geflüchteten nehmen auch Angebote und Maßnahmen der Arbeitsmarktinstitutionen und Bildungsträger. Positiv bewertet werden Maßnahmen, die mit einer engen, individuellen Betreuung einhergehen, auf konkrete berufliche Perspektiven gerichtet sind und eine hohe Passung zu den Kundinnen und Kunden haben. Als besonders zielführend, motivierend und wirkungsvoll werden Angebote und Maßnahmen eingeschätzt, in welchen der Ausbau deutscher Sprachkenntnisse mit berufsorientierenden und betrieblichen Maßnahmen kombiniert wird.

4. Betriebe/Arbeitgeber

Die Betriebe bzw. Arbeitgeber stellen bestimmte Ausbildungs- und Arbeitsplätze zur Verfügung. Sie tun dies unter der Prämisse, dass sie Interessierte finden, welche die spezifischen Erwartungen und Bedarfe eines Betriebes erfüllen. Zwischen den Qualifikationen bzw. Voraussetzungen der Geflüchteten und den Anforderungen der Betriebe bestehen mitunter Diskrepanzen. Das Jobcenter kann Brücken bauen und Förderinstrumente bereitstellen, beispielsweise über ausbildungsbegleitenden Hilfen oder assistierte Ausbildung.

5. Sozialpolitische Rahmenbedingungen

Die sozialpolitischen Rahmenbedingungen nehmen Einfluss darauf, ob die Angebote und Maßnahmen der Jobcenter greifen und diese durch die Gesellschaft und weitere Maßnahmen des Staates flankiert werden. Der im Sozialrecht verankerten Grundsatz „Fördern und Fordern" ist essenzieller Teil ihrer Arbeit. Regional oder lokal kommen weitere Akteurinnen und Akteure zur Unterstützung der Integration hinzu, beispielsweise die Integrationsmanagerinnen und -manager in Baden-Württemberg.[1] Außerdem können Ehrenamtliche die Arbeitsmarktintegration unterstützten, indem sie unter anderem zur Stabilisierung der Geflüchteten beitragen, ihre Kontakte bei der Vermittlung von Praktika oder Stellen einfließen lassen oder Hinweise auf sichtbare und versteckte Kompetenzen der Geflüchteten geben.

Eine Standortbestimmung zur Integration von Geflüchteten in den Arbeitsmarkt bietet der Bericht der Organisation for Economic Cooperation and Development (2017).

---

[1]Integrationsmanagerinnen und -manager sind im Rahmen des „Paktes für Integration mit den Kommunen", einem Landesprogramm in Baden-Württemberg, beschäftigt. In der Zuwendungsrichtlinie des Ministeriums für Soziales und Integration vom 11.12.2017 heißt es: „Die Integrationsmanagerinnen und Integrationsmanager fördern den individuellen Integrationsprozess von Flüchtlingen (…) und wirken insbesondere auf eine Stärkung ihrer Selbstständigkeit hin. Die Flüchtlinge sollen in die Lage versetzt werden, einen Überblick über vorhandene Strukturen und Angebote der Integration und Teilhabe zu haben und diese selbständig nutzen zu können. (…) Dabei soll das Personal des Integrationsmanagements eine direkte und einzelfallbezogene Sozialbegleitung mit Hilfe eines individuellen Integrationsplanes durchführen." Die Akteurinnen und Akteure im Integrationsmanagement sind auf kommunaler Ebene bei unterschiedlichen Trägern angestellt.

Die Arbeit mit Fallbeispielen (Critical Incidents)

4

In diesem Kapitel wird beschrieben, wie mit Fallbeispielen im Selbststudium und in Weiterbildungen gearbeitet werden kann.

4.1 Kritische Ereignisse

Die Auseinandersetzung mit Critical Incidents (CIs) ist eine moderne, Erfolg versprechende Methode, Kompetenzen für das Handeln in einer Einwanderungsgesellschaft auf- bzw. auszubauen. Ferner bildet sie eine Form des moderierten und kontrollierten Austauschs zur Reflexion von beruflichen Erfahrungen.

CIs sind als kritische Ereignisse definiert, die in interkulturellen Interaktionen auftreten können. Sie fokussieren Situationen, die mit Unbehagen, Frustration, Irritation, Unverständnis, Verunsicherung, Enttäuschung, Befremden oder Ärger verbunden sind (Fiedler et al. 1971; Franzke 2017; Thomas 1993). Dies soll jedoch nicht den Blick dafür verstellen, dass Begegnungen und Ereignisse im Umgang mit Geflüchteten auch von positiven Gefühlen wie Neugier, Freude, positivem Erstaunen, Humor und einer bereichernden Perspektiverweiterung begleitet sein können.

Die kritischen Situationen werden anders oder neu interpretiert, wenn sich die Personen über kulturelle Besonderheiten und migrations- bzw. fluchtspezifische Erfahrungen bewusst sind. Sie gewinnen neue Sichtweisen auf den Fall und leiten daraus gleichermaßen zielgerichtete als auch kulturell sensible Handlungsstrategien ab (Franzke 2017).

© Springer Fachmedien Wiesbaden GmbH, ein Teil von Springer Nature 2020
B. Franzke, *Geflüchtete in Ausbildung und Arbeit vermitteln*, essentials,
https://doi.org/10.1007/978-3-658-28801-3_4

4.2   Einflussfaktoren auf das Handeln im institutionellen Kontext

Einfluss auf Situationen und Interaktionen in einer Einwanderungsgesellschaft nehmen zahlreiche Faktoren. Es gibt herkunfts- oder kulturspezifische Merkmale, aber darüber hinaus gruppen- und migrationsspezifische Erfahrungen, Fremdbilder, die für Helferbeziehungen in Arbeitsmarktinstitutionen charakteristische Asymmetrie und wechselseitige Erwartungen. Zudem spielen persönliche Aspekte der geflüchteten Menschen und das berufliche Selbstverständnis als Beratungs- und Integrationskraft eine große Rolle.

Integrationsfachkräfte bewegen sich in ihrer Tätigkeit in einem ständigen Spagat zwischen Legalität, das heißt der genauen Auslegung bzw. Ausübung von Gesetzen und kultureller Sensibilität. Nicht jedes Handeln, das den Gesetzen oder den jeweiligen Verwaltungsroutinen entspricht, ist auch kulturell sensibel. Dies wird beispielsweise im Fall 6 „Kein Familiennachzug – eine Kunde ist ausgezehrt" deutlich, in dem die zuständige Behörde mit Bezug auf entsprechende gesetzliche Regelungen einen Familiennachzug abgelehnt hat, da die Frau zum Zeitpunkt der Eheschließung nicht das erforderliche Mindestalter hatte. Für die Familie oder zumindest den in Deutschland lebenden Familienvater bedeutet dies eine Tragödie. Die Entscheidung nimmt den Geflüchteten persönlich so stark mit, dass seine Integrationsbemühungen gefährdet sind.

Es gibt aber auch den umgekehrten Fall, dass Fachkräfte in Institutionen mit Situationen von Zugewanderten konfrontiert werden, die sich rechtlich in einer Grauzone bewegen. Als Beispiel können die prekären Beschäftigungsverhältnisse des Kunden im Fall 2 „In den Bergen ist es schön – Forderung nach Urlaub" angeführt werden. Neben Legalität und kultureller Sensibilität ist die Legitimität als weiterer Eckpunkt zu nennen, der in das Handeln der Fachkräfte gegenüber Geflüchteten hineinwirkt: Wie denkt die Gesellschaft über das, was das Jobcenter tut? Welche staatlichen Bemühungen bei der Integration von Geflüchteten in Arbeit und in die Gesellschaft sind gerecht und gerechtfertigt? Wie gestaltet sich das Zusammenspiel zwischen Fordern und Fördern? Ein gutes Beispiel für die nicht triviale Auseinandersetzung mit den aufgezählten Fragen liefert Critical Incident 3. Hier nehmen die Forderungen der Kundin einen großen Raum ein.

Das beschriebene Spannungsfeld zwischen Legalität, Legitimität und kultureller Sensibilität wird nachfolgend in Abb. 4.1 veranschaulicht.

Abb. 4.1 Handeln in Arbeitsmarktinstitutionen

4.3 Analyse und Gestaltung von Dialogen mit Geflüchteten

Alle CIs sind aus der Perspektive von persönlichen Ansprechpartnerinnen und -partnern in einem Jobcenter geschrieben, welche für die Leistungsgewährung und Arbeitsvermittlung von Geflüchteten mit guter Bleibeperspektive verantwortlich sind.

Zu jedem dargestellten Fall werden Fragen und Lösungsmuster beschrieben, die das Einfühlungsvermögen schulen und zu Perspektivwechsel sowie (Selbst-)Reflexion anregen. Unter Berücksichtigung des aus dem Perspektivwechsel gewonnenen Wissens werden die Lernenden ermutigt, Herangehensweisen zu suchen, die gleichermaßen dem Auftrag von Beratungs- und Integrationsfachkräften entsprechen wie auch reflektiertes, professionelles und kulturell sensibles Handeln erkennen lassen.

Die Analyse der Situationen und der Umgang mit ihnen orientieren sich in dieser Handreichung an einem von der französischen Sozialpsychologin Cohen-Emerique (2006) entwickelten und von Franzke (2017) sowie Franzke und Shvaikovska (2016) für das institutionelle Handeln angepassten Ansatz. Die Fallbearbeitung sieht drei Schritte vor (vgl. auch Abb. 4.2):

1. Die eigene Perspektive, das eigene Erleben und ggf. die Irritation eigener Werte und Standards wird sichtbar gemacht.
2. Es wird zu Perspektivwechsel und -erweiterung angeregt.
3. Es wird zur Entwicklung von Handlungsstrategien aufgefordert.

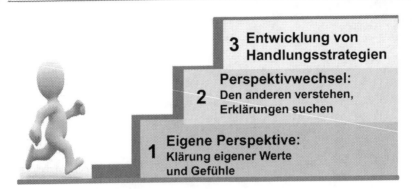

Abb. 4.2 Drei-Schritte-Methode zur Analyse und Gestaltung von Dialogen mit Zugewanderten (in Anlehnung an Franzke 2017, S. 47)

Leitfragen für den ersten Schritt, den eigenen Bezugsrahmen erkunden, sind: „Welche Gefühle löst der Fall bei mir aus? Was stört mich? Welche meiner Wertvorstellungen werden infrage gestellt?" (Institut für den Situationsansatz 2007, S. 3).

Im nächsten Schritt geht es um den Perspektivwechsel und das Hineinversetzen in die Sicht des Anderen. Um die „fremde" Lebenswelt zu verstehen, schlägt Cohen-Emerique unter anderem wertfreies und aufmerksames Zuhören, Beachtung nonverbaler Kommunikationssignale und das Sich-Zeit-Nehmen vor. Leitfragen für den zweiten Schritt lauten: „Was weiß ich über die Situation und die Wertvorstellungen (…) [der anderen Person]? Was vermute ich? Was vermute ich, wie (…) [die andere Person] die Situation erlebt hat? Was will ich wissen, um besser zu verstehen?" (Institut für den Situationsansatz 2007, S. 3).

Der dritte Schritt hat die Entwicklung von Handlungsstrategien zum Ziel. Dieser basiert auf einem Aushandlungsprozess (Cohen-Emerique 2006, S. 319). Das Institut für den Situationsansatz (2007), das sich auf die Vorgehensweise nach Cohen-Emerique bezieht, schreibt dazu: „Hier geht es darum, eine neue Norm zu finden, ein gemeinsames Feld oder einen ‚3. Raum' zu erschließen, in welchem jede/r seine Identität bewahrt und gleichzeitig den Weg des anderen betritt" (S. 2). Leitfragen für den dritten Schritt, „Ein Aushandlungsgespräch führen – auf gleicher Augenhöhe eine Lösung entwickeln", lauten: „Was will ich mit dem Gespräch erreichen? Welche Fragen möchte ich stellen? Was möchte ich von mir sagen?" (S. 4).

Um auf das nachvollziehbare Bedürfnis von Lernenden, Anhaltspunkte zur Interpretation der Fälle an die Hand zu bekommen, einzugehen, enthält die vorliegende Handreichung Lösungsskizzen. Die Auflösungen können den Blick auf bestimmte Aspekte richten, sollten jedoch je nach Handlungskontext unterschiedlich betrachtet und gewichtet werden. Ein solches Vorgehen lässt Neugier und Kreativität in der Bearbeitungs- und Herangehensweise zu.

4.4   Chancen von Critical Incidents und Kritik

Die nachfolgend beschriebenen CIs können in verschiedener Hinsicht Weiterbildungen für Akteurinnen und Akteure am Arbeitsmarkt sowie für anderweitig in der Flüchtlings- und Migrationsarbeit Tätige flankieren.

Bei der Gestaltung interkultureller Qualifizierungen gilt für das Lernkonzept: „Je näher ein Training an der interkulturellen Situation der Teilnehmer konzipiert wird und je spezifischer es auf die Aufgabe und das Unternehmen abgestimmt ist, desto erfolgversprechender ist es" (Podsiadlowski 2007, S. 147).

CIs haben den Vorteil, dass sie an die Erfahrungen der Akteurinnen und Akteure in der Migrationsarbeit direkt anknüpfen und eine Reflexion von Emotionen und Erfahrungen ermöglichen. Sie sind in der Umsetzung nicht so aufwendig und anspruchsvoll wie kollegiale Fallberatung oder Supervision, sondern viel niederschwelliger.

Fallbeispiele werden von den Teilnehmenden beruflicher Fortbildungen meist positiv aufgenommen. Geschichten zu erzählen ist den Menschen als eine uralte Form des Lernens und der Wissensvermittlung vertraut. Layes (2007) bezeichnet Critical Incidents als „mächtigste Methode (...) zur Initiierung interkultureller Lernprozesse" (S. 386). In einer Weiterbildung für Akteurinnen und Akteure am Arbeitsmarkt sollte die Arbeit mit Critical Incidents jedoch nicht auf flucht- oder migrationsspezifische Aspekte begrenzt sein, sondern auch die Helferbeziehung und den institutionellen Kontext in den Blick nehmen.

In den Chancen von CIs liegen zugleich auch deren Grenzen: Die Szenarien sind oft sehr situationsspezifisch angelegt und können nur bedingt auf andere Situationen übertragen werden. Auch dann, wenn kulturelle Herkunft und Situation ähnlich sind, kann sich eine andere Person in ihrer Persönlichkeit, ihren Vorhaben und ihrer Identität ganz von der Hauptfigur im Critical Incident unterscheiden. CIs bilden insofern immer nur einen Ausschnitt der Wirklichkeit ab.

4.5   Typologie als Arbeitsinstrument

Die nachfolgende Typologie (s. Tab. 4.1) wurde aus Gesprächen mit Fach- und Führungskräften sowie aus Beobachtungen bei Hospitationen in Beratungsgesprächen mit Geflüchteten in Jobcentern abgeleitet.

Tab. 4.1 Typen von Menschen mit Fluchthintergrund (Arbeitsinstrument!) und daraus abgeleitete Beratungs- und Integrationsstrategien

Typ 1: Der Schaffer

Beschreibung
- Ist erwerbstätig, übt in der Regel Helfer- oder angelernte Tätigkeiten aus
- Ist bei Firmen beschäftigt, die Leistungsorientierung anerkennen, zum Beispiel amerikanische Ketten
- Spricht schon gut Deutsch (bei der Arbeit gelernt), allerdings hat er Schwierigkeiten beim Lesen und große Probleme beim Schreiben
- Hat mitunter im Herkunftsland oder auf der Flucht in Jobs gearbeitet, die eine höhere Qualifikation voraussetzten. Es macht ihm aber nichts aus, dass er in Deutschland sein Potenzial nicht voll ausschöpft. Er ist der Überzeugung oder hat die Erfahrung gemacht (oder bei anderen gesehen), dass Migration nach Deutschland einen beruflichen Abstieg bedeutet. Er findet sich damit ab und hat diesbezüglich keinen Leidensdruck
- Muss sein Einkommen mit Leistungen des Jobcenters „aufstocken" oder kommt aufgrund kurzzeitiger Arbeitslosigkeit ins Jobcenter, weil der Arbeitslosengeld-I-Anspruch nicht ausreicht[a]
- Hat aber bereits eine neue Arbeit in Aussicht und steht in Kontakt mit diversen Firmen, bei denen er sich vorgestellt hat
- Wirkt vom äußeren Anschein her quasi-integriert

Merkmale
Zur Gruppe gehören fast ausschließlich junge Männer zwischen 20 und 35 Jahren, die im Herkunftsland noch nicht verheiratet waren. Das Auftreten im Jobcenter ist eher zurückhaltend, die Menschen fühlen sich deplatziert und bauen darauf, sobald wie möglich wieder in Arbeit zu sein. Dabei zählen sie bei der Vermittlung in Arbeit keinesfalls auf die Arbeitsmarktinstitutionen, sondern sie vermitteln sich selbst

Beratungs- und Integrationsstrategie
- Ressourcen der Kunden würdigen und anerkennen: Bemühungen und Erfolge bei der Arbeitssuche, hohe Erwerbsorientierung usw.
- Fragen zum Beschäftigungsverhältnis stellen, ggf. prekäre Arbeitsformen aufdecken, hinterfragen und auf Beratungsstellen verweisen
- Für eine Qualifizierung argumentieren: langfristig bessere Chancen auf dem Arbeitsmarkt mit geringerem Risiko von Arbeitslosigkeit, besserer Verdienst usw. (s. Lösungsskizze zu Fall 8)
- Mögliche Widerstände erfragen, z. B. Druck, schnell Geld verdienen zu müssen, um eine Familie im Ausland zu versorgen
- Auf Möglichkeiten der Optimierung von Deutschkenntnissen hinweisen, insbesondere Online-Angebote und Kurse mit Berufsbezug

Fallbeispiele, in denen sich Elemente des Typs wiederfinden
Fall 1 (vor dem Familiennachzug),
Fall 8 (vor dem Umdenken, die Deutschkenntnisse auszubauen)

(Fortsetzung)

Tab. 4.1 (Fortsetzung)

Typ 2: Der überangepasste, ungeduldige Integrationswillige

Beschreibung
- Ist in Arbeit und (oder) besucht einen Deutschkurs, um mindestens das B1-Niveau zu erreichen[b]
- Spricht flüssig Deutsch
- Wenn männlich: reicht Frauen (z. B. Beraterinnen im Jobcenter) proaktiv die Hand zur Begrüßung und Verabschiedung, um seinen Integrationswillen zu demonstrieren
- Sucht eine gute Arbeit und ist bereit, sich kulturellen und sonstigen Gegebenheiten bis zu einem bestimmten Punkt anzupassen
- Findet, dass das Deutschlernen und die Aufnahme einer Ausbildung nicht schnell genug gehen können
- Hat in Deutschland neue Kontakte geknüpft
- Ist in seinen beruflichen Vorstellungen sprunghaft
- Nennt als Ziel „Trendberufe", welche in seinem aktuellen sozialen Umfeld mit günstigen Integrationschancen verbunden sind und eine gesellschaftliche Akzeptanz als geflüchtete Person versprechen (wahlweise bzw. wechselnd z. B. Berufe in der Pflege, Lokführer, Straßenbahnfahrer, Informatiker)
- Wollte ursprünglich im Heimatland studieren, setzt jetzt wegen besserer Bleibeperspektiven, Arbeitsmarktchancen und gesellschaftlicher Akzeptanz ganz auf eine duale Ausbildung

Merkmale
Zur Gruppe der ungeduldigen, integrationswilligen Personen gehören vorrangig junge Männer unter 25 Jahren. Im Jobcenter verhalten sie sich sehr kooperativ und folgen den Ideen/Anweisungen ihrer Fachkräfte.

Beratungs- und Integrationsstrategie
- Mittel- und langfristige Ziele herausarbeiten
- Zuversicht und Selbstwirksamkeitserwartungen stärken
- „Treppe" bauen (s. Fall 4)
- Potenzialanalyse und Berufsorientierung mit passenden Maßnahmen voranbringen
- Relevante Einflussfaktoren auf die Berufswahl identifizieren und diese in die Beratung einbeziehen

Fallbeispiele, in denen sich Elemente des Typs wiederfinden
Fall 4, Fall 6 (vor Ablehnung des Familiennachzugs)

Typ 3: Der oder die Klagende

Beschreibung
- Leidet unter gesundheitlichen, sozialen, familiären oder sonstigen Problemen, z. B. Rückenschmerzen
- Übt Kritik, z. B. an den Wohnverhältnissen, erlebt Diskriminierung am Arbeitsplatz
- Spricht offen über persönliche Probleme. Außerdem kommen von Zeit zu Zeit neue Sorgen dazu.
- Nennt eine Vielzahl und hohe Komplexität von Problemen, die aus der eigenen Sicht einer Aktivierung für den Arbeitsmarkt entgegenstehen

(Fortsetzung)

Tab. 4.1 (Fortsetzung)

Merkmale

Klagende Personen sind gleichermaßen unter geflüchteten Frauen und Männern anzutreffen, wobei sich die Inhalte des Klagens zwischen Frauen und Männern unterscheiden können. Im Jobcenter verhalten sie sich kooperativ, solange nicht Forderungen an sie gestellt werden, mit denen sie sich überfordert fühlen. Ggf. beginnt eine „Ja-Aber" Argumentation

Beratungs- und Integrationsstrategie

• Mit aktiv-aufmerksamem Zuhören, Empathie und geschicktem Nachfragen sondieren, wie ernst die Klagen sind
• Wenn die Klagen eine Aktivierung für den Arbeitsmarkt zulassen: konfrontieren und appellieren, dass die Person selbst für Abhilfe sorgt
• Wenn hinter den Klagen ernsthafte psychische, körperliche oder soziale Probleme stehen: Verweis auf eine Beratungsstelle bzw. andere Einrichtung, die Hilfe anbieten kann; ggf. Einschaltung des ärztlichen Dienstes
• Im Einzelfall mag das Erkennen der Ernsthaftigkeit des Klagens bzw. Problems schwerfallen; ggf. Beratung im Kollegium oder Rücksprache mit der Führungskraft, eventuell auch Gespräch zu dritt, um unterschiedliche Perspektiven auf den Fall auszutauschen

Fallbeispiele, in denen sich Elemente des Typs wiederfinden

Fall 5, Fall 7

Typ 4: Der oder die Fordernde

Beschreibung

• Ist sehr darauf bedacht, alle Leistungen zu beantragen und bewilligt zu bekommen, die ihm oder ihr zustehen
• Hat kein Problem damit, um Geldleistungen/Hilfe zu bitten
• Erwartet, dass ihm oder ihr geholfen wird
• Steht in Kontakt mit unterschiedlichen Helfern (Jobcenter, Integrationsmanager, Ehrenamtliche usw.)
• Ist dabei, sich im System einzurichten. Vorstellungen von Ausbildung, Arbeit oder Qualifizierung sind für ihn oder sie weit weg

Merkmale

Fordernde Personen sind gleichermaßen unter geflüchteten Frauen und Männern anzutreffen. Mitunter finden sich Großfamilien in dieser Kategorie wieder, beispielsweise dann, wenn der Mann arbeitet, der Verdienst jedoch nicht zum Leben der ganzen Familie ausreicht. Im Jobcenter treten sie fordernd auf. Sie verhalten sich solange kooperativ und höflich, wie die Beratungsfachkraft sich ihren Vorstellungen entsprechend verhält. Hat die Person den Eindruck, nicht das zu bekommen, was ihr zusteht, beklagt sie sich gegenüber der Beratungsfachkraft, aber auch bei allen anderen Stellen, mit denen sie in Kontakt steht

(Fortsetzung)

Tab. 4.1 (Fortsetzung)

Beratungs- und Integrationsstrategie

• Beratungs- und Integrationsfachkräfte sollten die an sie gestellten Erwartungen kennen und sachlich einordnen können

• Sie sollten sich über ihre Rolle im Jobcenter bewusst sein und dieseentsprechend kommunizieren

• Mitunter müssen nicht realistische Erwartungen zurückgewiesen oder es muss auf andere Hilfsorganisationen verwiesen werden

• Zu Beginn der Gespräche sollte sich die Beratungsfachkraft einen Überblick über die Probleme verschaffen und zusammen mit den Kundinnen und Kunden Prioritäten bei den zu klärenden Anliegen setzen

• Bei komplexen Problemlagen sollte die Beratungsfachkraft den Außendienst einschalten, das Integrationsmanagement einbinden und gemeinsam mit anderen relevanten Stellen Fallkonferenzen durchführen

Fallbeispiele, in denen sich Elemente des Typs wiederfinden

Fall 1 (nach dem Familiennachzug), Fall 2, Fall 3

[a]Ein Anspruch auf Arbeitslosengeld I begründet sich aus dem Sozialgesetzbuch III. Voraussetzung ist in der Regel eine mehrjährige sozialversicherungspflichtig ausgeübte Tätigkeit. Es handelt sich um eine Versicherungsleistung, welche von den Agenturen für Arbeit bewilligt wird. Reicht das Arbeitslosengeld I nicht zur Existenzsicherung aus, kann dieses mit Leistungen nach dem Sozialgesetzbuch II (SGB II, Grundsicherung für Erwerbsfähige) ergänzt werden. Die Prüfung und ggf. Bewilligung von Leistungsansprüchen nach dem SGB II bei Erwerbsfähigen liegt bei den Jobcentern.
[b]Bei dem Sprachniveau B1 ist nach dem Gemeinsamen Europäischen Referenzrahmen eine selbstständig Sprachverwendung möglich (Coste et al. 2013, S. 35).

Die Typologie versteht sich als Arbeitsinstrument und erfordert einen sehr reflektierten Umgang. Typen beinhalten stets den Reiz, eine komplexe Realität leicht verstehbar zu machen und einfache Lösungen parat zu halten. Sie bergen auch die Gefahr, Menschen zu kategorisieren und – umgangssprachlich gesprochen – „in Schubladen einzuordnen". Um Menschen mit Fluchterfahrung gerecht zu werden, verbieten sich einfache und pauschale Lösungen, zumal die Typen sich nicht immer klar voneinander abgrenzen lassen und Überlappungen oder Sprünge zwischen ihnen möglich sind (s. Fall 1). Inwieweit Typen bestimmte Entwicklungen nehmen, dazu kann zum jetzigen Zeitpunkt noch keine Aussage getroffen werden. Außerdem basiert die Typologie auf ersten Beobachtungen, die noch keine Verallgemeinerungen zulassen und weiter erforscht werden sollten.

Dennoch birgt die Typologie als Arbeitsinstrument die Chance, Muster zu erkennen und besser zu verstehen. Entlang der Typen soll das Bewusstsein für die Vielfalt von Menschen mit Fluchthintergrund geschärft werden. Fachkräften in der Migrationsarbeit soll damit ein Werkzeug an die Hand gegeben werden, anhand dessen sie Ideen für die Integration in Ausbildung und Arbeit entwickeln können.

Unter dem Aspekt der Integrationsnähe, kann man sagen, dass Typ 1 („Der Schaffer") aktuell oder phasenweise in den deutschen Arbeitsmarkt integriert ist. Allerdings scheinen seine langfristigen Perspektiven in Helfer- oder angelernten Tätigkeiten zweifelhaft.

Typ 2 („Der überangepasste, ungeduldige Integrationswillige") ist, wie die Bezeichnung bereits sagt, integrationsnah, da integrationswillig und grundsätzlich auch integrationsfähig. Hier erscheint es eine Frage der Zeit zu sein, bis entsprechende Personen in den Ausbildungs- oder Arbeitsmarkt einmünden.

Typ 3 („Der oder die Klagende") ist in seiner derzeitigen Situation gedanklich vom Arbeitsmarkt entfernt. Es muss geprüft werden, inwieweit die Probleme, über welche die betreffende Person klagt, tatsächlich bestehen und mit welchen Mitteln diese ggf. überwunden werden können.

Typ 4 („Der oder die Fordernde") ist innerhalb der vorgestellten Typologie am weitesten vom Arbeitsmarkt entfernt. Aktivitäten und Energien der Personen richten sich darauf, mehr oder weniger gut mit sozialen Leistungen zu leben. Hier ist eine starke Aktivierung nötig, um die Menschen zum Umdenken zu bewegen. Sie zeigen in ihren Denk- und Verhaltensmustern Anzeichen für Resignation, vergleichbar mit denen von Langzeitarbeitslosen.

Acht Fallbeispiele mit Lösungsmustern für die Beratung und Integration von Geflüchteten in Ausbildung und Arbeit

5

Dieses Kapitel enthält acht Fallbeispiel mit Lösungsmustern aus der Beratung und Integration von Geflüchteten in Ausbildung und Arbeit.
Eine Übersicht aller Fallbeispiele findet sich in Tab. 5.1.

Tab. 5.1 Übersicht aller Fallbeispiele (Critical Incidents)

Nr.	Titel	Themen der Integration und Integrationsarbeit; flucht- und migrationsspezifische Erfahrungen	Typ (s. Tab. 4.1)
1	„Sie müssen helfen!" – Raumnot nach dem Familiennachzug	• Schwierige Wohn-/Lebensverhältnisse • Familiennachzug • Erwartungen an Integrationsfachkräfte • Rollenmanagement • Arbeit mit Schnittstellen	1/4
2	„In den Bergen ist es schön" – Forderung nach Urlaub	• Prekäre Beschäftigungsverhältnisse • Orientierungsschwierigkeiten im Sozialsystem • Fordern und Fördern • Erwartungen an Integrationsfachkräfte • Rollenmanagement	4
3	Viele Fragen und lange Gespräche	• Unsicherer Aufenthaltsstatus • Erwartungen an Integrationsfachkräfte • Fordern und Fördern • Rollenmanagement • Zusammenarbeit mit Schnittstellen • Grenzen der Beratung	4

(Fortsetzung)

© Springer Fachmedien Wiesbaden GmbH, ein Teil von Springer Nature 2020
B. Franzke, *Geflüchtete in Ausbildung und Arbeit vermitteln*, essentials,
https://doi.org/10.1007/978-3-658-28801-3_5

Tab. 5.1 (Fortsetzung)

Nr.	Titel	Themen der Integration und Integrationsarbeit; flucht- und migrationsspezifische Erfahrungen	Typ (s. Tab. 4.1)
4	Heute dies, morgen das – Der sprunghafte Kunde	• Berufsorientierung mit Geflüchteten • Orientierungslosigkeit im Bildungs- und Ausbildungssystem • Feststellung von Interessen und Potenzialen	2
5	Folterszenen auf dem Handy – ein Kunde schildert seine Gewalterlebnisse	• Traumatisierung bei Fluchtmigrantinnen und -migranten • Empathie und Einfühlungsvermögen • Ohnmacht und Grenzen der Beratung	3
6	Kein Familiennachzug – ein Kunde ist ausgezehrt	• Tempo, Hochs und Tiefs in Integrationsprozessen • Familiennachzug • Grenzen der Beratung	2
7	Klagen über Benachteiligungen – eine Kundin fühlt sich in der Arbeitswelt diskriminiert	• Ausgrenzung und Diskriminierung in der Arbeitswelt • Leben mit unsicherem Aufenthaltsstatus • Folgen von Ausgrenzung und Verfolgung auf die Identität der Betroffenen • Vertrauen und Selbstwirksamkeitserwartungen bei Geflüchteten	3
8	Integration kurz- oder langfristig – Erwerbsarbeit versus Deutschkurs	• Zusammenarbeit mit Schnittstellen • Wechselseitige Erwartungen • Kurz- versus langfristige Integrationsstrategien • Dilemmata in der Integration	1

Fall 1: „Sie müssen helfen!" – Raumnot nach dem Familiennachzug

Herr Ismail kommt aus Syrien und lebt seit drei Jahren in Deutschland. Das Jobcenter hatte ihn nur kurz betreut. Als er seine jetzige Stelle als Lagerhelfer antrat, fiel er aus dem Leistungsbezug. Die Verständigung mit ihm gelingt in einfachem Deutsch.

Heute kommt Herr Ismail erneut ins Jobcenter, nachdem er dringend um einen Termin gebeten hat. Vor einer Woche sind seine Ehefrau und vier Kinder im Rahmen des Familiennachzugs nach Deutschland eingereist. Sein Gehalt reicht nicht, um die gesamte Familie zu ernähren, weshalb er sich wieder ans Jobcenter wendet. Dort erwartet ihn seine frühere Beraterin, Frau Wolf.

Bei dem Gespräch wird Herr Ismail von seiner Frau und zwei kleinen Kindern begleitet, die sehr unruhig im Raum hin- und herlaufen. Es ereignet sich folgender Dialog:

Frau Wolf:	„Herr Ismail, wie geht es Ihnen? Wie geht es Ihrer Frau – jetzt, da Sie alle hier in Deutschland leben?"
Herr Ismail:	„Bei der Arbeit alles gut. Aber Problem mit Geld, zu wenig. Und große Problem mit Wohnung, zu klein."
Frau Wolf:	„Wo wohnen Sie denn jetzt?"
Herr Ismail:	„Immer in Kirchenstraße."
Frau Wolf:	„Sie wohnen mit Ihrer ganzen Familie in Ihrem Zimmer von damals mit 15qm!"
Herr Ismail:	„Ja. Wohnung zu klein für ganze Familie. Können Sie vielleicht helfen? Haben Sie große Wohnung für uns?"
Frau Wolf:	*(sprachlos)*
Herr Ismail:	„Wohnung zu klein für ganze Familie. Wir brauchen große Wohnung! Sie müssen helfen!"
Frau Wolf:	*(leise)* „Das wird nicht leicht ..."

Die Frau von Herrn Ismail versteht kein Deutsch und sitzt schweigend neben ihrem Mann. Derweil toben die Kinder weiter im Raum herum.

Fragen
1. Was geht Ihnen hier als Erstes durch den Kopf? Haben Sie eine solche oder ähnliche Situation schon einmal erlebt? Wie haben Sie reagiert?
2. Weshalb ist die Beratungsfachkraft sprachlos? Was meint Frau Wolf mit „Das wird nicht leicht ..."?
3. Was vermuten Sie, wie es zu der jetzigen Wohnsituation gekommen ist?
4. Was erwartet Herr Ismail von der Beratungsfachkraft im Jobcenter? In welchen Rollen wird Frau Wolf angesprochen?
5. Wie würden Sie mit den an die Beratungsfachkraft gestellten Forderungen umgehen?
6. Wie wird das Gespräch weitergehen? Wie würden Sie weiter vorgehen?

Lösungsskizze

Zu 1:
Individuelle Lösung. Dass ein Familiennachzug einen Einschnitt in die Situation von Geflüchteten bedeutet und das nicht nur in der Wohnsituation, ist unbestreitbar.

Häufig ist die bisherige Wohnung bzw. das als Einzelperson gemietete Zimmer nicht mehr adäquat. Eine neue Wohnung muss gesucht, gefunden und bezogen werden, was gerade in Ballungsgebieten eine große Herausforderung darstellt. Mit dem Familiennachzug reicht das Gehalt aus einer Helfertätigkeit, das für einen Einzelnen oft gerade genug war, nicht mehr aus und die Geflüchteten kommen wieder in den Bezug von Sozialleistungen und damit in die Abhängigkeit des Jobcenters. Durch Flucht und das getrennte Leben haben sich in der Regel auch die Familienstrukturen verändert. Eltern und Kinder sowie Paare müssen sich mitunter erst wieder neu zusammenfinden.

Zu 2:
Die Beratungsfachkraft Frau Wolf ist sprachlos, da die Situation, dass eine fünfköpfige Familie auf 15qm lebt, ihre Vorstellungskraft übersteigt und ihrem Bedürfnis nach Privatsphäre widerspricht. Mit ihrem Kommentar zur Wohnungssuche „Das wird bestimmt nicht leicht …" deutet sie an, dass auf die Familie große Schwierigkeiten zukommen und sie vermutlich keine Idee hat, wie die Familie kurzfristig bzw. sofort die prekäre Wohnsituation verlassen kann. Vielleicht ist die Beraterin auch davon befremdet, dass Herr Ismail seine Familie nachgeholt hat, ohne vorab für angemessenen Wohnraum zu sorgen. Dies widerspricht ihrem Standard der Planung und guten Organisation. Dass die Familie aus einem Kriegsgebiet geflohen ist und den Wert der Sicherheit über die Raumnot stellt, ist ihr in dem Moment nicht bewusst.

Zu 3:
Eigentlich setzt der Familiennachzug das Vorhandensein adäquaten Wohnraums voraus, doch es gibt atypische Fälle. Eventuell haben die für die Entscheidung über Familiennachzug zuständigen Behörden positiv anerkannt, dass Herr Ismail eine Arbeitsstelle hat und er nicht auf Transferleistungen angewiesen ist. Vielleicht wurde deshalb der Nachweis von Wohnraum nicht lückenlos geführt bzw. eingefordert oder es wurde angenommen, dass sich Herr Ismail um Wohnraum kümmert oder wenn es soweit ist, die Familie schon irgendwas finden würde.

Zu 4:
Herr Ismail erwartet von seiner Beratungsfachkraft im Jobcenter, dass sie ihn und seiner Familie bei der Suche nach einer neuen Wohnung unterstützt. Vermutlich geht er auch davon aus, dass das Jobcenter ihm für seine Familie wieder Leistungen gewährt. In der Aufforderung „Sie müssen helfen!" drückt sich seine Verzweiflung und Hilflosigkeit aus. Seine einfachen Deutschkenntnisse lassen es nicht zu, dass er seine Bitte diplomatischer oder mit sachlichen Argumenten unterstreicht. Frau Wolf als Beraterin wird in der Situation als Retterin in der Not verstanden.

Zu 5:

Individuelle Lösung. Die Prüfung von leistungsrechtlichen Ansprüchen für die Familie sollte eine Selbstverständlichkeit sein. Die Erwartung, dass Frau Wolf der Familie eine neue Wohnung besorgt, muss die Beratungsfachkraft dagegen relativieren. Hier ist sie nicht als direkte Problemlöserin, sondern als Lotsin gefragt, welche die Familie an andere Stellen (z. B. Migrationsberatungen, kommunale Stellen für Wohnraumsicherung) weiterleitet und ihr Adressen (z. B. von kommunalen Wohnungsbaugesellschaften) mit an die Hand gibt. Es ist nicht leicht, der Familie zu kommunizieren, dass das Jobcenter nicht als Stelle für Hilfeleistungen aller Art fungiert. Gleichzeitig ist es wichtig, den Auf- oder Ausbau eines Arbeitsbündnisses nicht zu gefährden, da der Beratungsfachkraft mit hoher Wahrscheinlichkeit eine längere Zusammenarbeit mit der Familie bevorsteht.

Zu 6:

Die Beratungsfachkraft im Jobcenter sollte der schwierigen Lebenssituation der Familie zunächst mit Empathie und Verständnis begegnen. Ziel ist es, dass die Familie erkennt, dass Frau Wolf den Ernst ihrer Lage sieht und nachvollziehen kann. Gleichzeitig hat die Beratungsfachkraft die Aufgabe, der Familie ihre Rolle zu erklären: Sie sollte freundlich, aber bestimmt klarmachen, bei welchen Fragen und welchen Aspekten des Lebens sie ihr weiterhelfen kann und bei welchen Fragen und Anliegen nicht. Frau Wolf kann informelle Möglichkeiten der Wohnungssuche aufzeigen und den Eheleuten Adressen von Wohnungsbaugesellschaften und Migrationsberatungsstellen mit auf den Weg geben.

Auf jeden Fall sollte das Jobcenter eng an dem Fall dranbleiben und nachfragen, wie sich die Situation entwickelt hat. Als letzte Möglichkeit kommt eine Rücksprache mit dem Jugendamt infrage und eine Abklärung, inwieweit die engen Wohnverhältnisse als kindeswohlgefährdend einzuschätzen sind und daher noch andere, staatliche Hilfen bei der Wohnungsbeschaffung greifen.

Fall 2: „In den Bergen ist es schön" – Forderung nach Urlaub
Herr Ibrahim kommt aus Syrien und arbeitet geringfügig als Küchenhelfer in einem Restaurant. Sein Deutsch reicht nicht aus, um mit der zuständigen Fachkraft im Jobcenter, Herrn Ritter, flüssig zu kommunizieren, weshalb das Gespräch von einer Dolmetscherin übersetzt wird.

Herr Ritter möchte die leistungsrechtlichen Ansprüche überprüfen und erkundigt sich nach den Gehaltsnachweisen der letzten Monate. Dabei erfährt er, dass Herr Ibrahim von seinem Arbeitgeber stundenweise bzw. nach Bedarf abgerufen wird. In jedem Monat verdient er anders. Sein Gehalt werde mal bar ausgezahlt, mal überwiesen. Der Arbeitgeber entscheide in jedem Monat anders.

Herr Ibrahim macht auf Herrn Ritter einen erschöpften Eindruck. Der Kunde hat nicht nur unregelmäßige, sondern oft auch lange Arbeitszeiten bis tief in die Nacht hinein. Plötzlich zieht Herr Ibrahim sein Handy aus der Hosentasche und zeigt Herrn Ritter das Angebot für eine einwöchige Urlaubsreise nach Oberbayern (Kostenpunkt: rund 600 EUR). Die Dolmetscherin übersetzt: „Herr Ibrahim bittet sehr, dass sie ihm einen Urlaub zahlen. Er braucht Urlaub. Er sagt: ‚In den Bergen ist es schön. Das will ich auch sehen.‘"
Herr Ritter ist empört.

Fragen
1. Was geht Ihnen hier als Erstes durch den Kopf? Haben Sie eine solche oder ähnliche Situation schon einmal erlebt? Wie haben Sie reagiert?
2. Worüber ist Herr Ritter empört?
3. In welcher Situation befindet sich Herr Ibrahim? Wie bewerten Sie sein Beschäftigungsverhältnis?
4. Wie kommt es, dass Herr Ibrahim das Jobcenter in der von ihm praktizierten Art und Weise um die Finanzierung eines Urlaubs bittet? Versuchen Sie, mehrere Erklärungen in Betracht zu ziehen.
5. Wie würden Sie an der Stelle von Herrn Ritter weiter vorgehen?

Lösungsskizze

Zu 1:
Individuelle Lösung. Dass Beratungs- und Integrationsfachkräfte in den Jobcentern mit nicht realistischen Forderungen und Erwartungen konfrontiert werden, gehört zum Alltag. Menschen mit Fluchthintergrund kennen das System nicht, sind mit diesem überfordert oder einfach ahnungslos.

Zu 2:
Herr Ritter ist darüber empört, dass Herr Ibrahim die völlig unrealistische Forderung nach Zahlung eines Urlaubs an ihn stellt. Dass Leistungsberechtigte nach Finanzierung eines Urlaubs fragen, liegt außerhalb seiner Vorstellungskraft und widerspricht seinem gesetzlich legitimierten Verständnis von Fordern und Fördern.

Zu 3:
Herr Ibrahim befindet sich in einer prekären Beschäftigungssituation. Der Arbeitgeber hat ihn als Minijobber angestellt und nutzt den Geflüchteten offenbar als „Lückenbüßer" für Arbeiten, die kurzfristig anfallen. Hinzu kommt, dass der

Arbeitgeber Herrn Ibrahim unregelmäßig und in verschiedener Weise (bar/Über-
weisung) bezahlt. Herr Ibrahim hat keinerlei Planungssicherheit, weder zeitlich
noch finanziell. Unter Umständen nutzt der Arbeitgeber die Unwissenheit des
Geflüchteten über seine Rechte und Pflichten in einem deutschen Arbeitsverhält-
nis für seine Zwecke aus. Die Art und Weise, wie sich das Beschäftigungsverhältnis gestaltet, ist in sozialer Hinsicht als grenzwertig anzusehen und bewegt
sich in einer rechtlichen Grauzone.

Zu 4:

Dafür, dass Herr Ibrahim das Jobcenter um die Finanzierung eines Urlaubs bittet, kommen mehrere Erklärungen in Betracht: Zum einen sieht der Kunde das
Jobcenter als seinen Geldgeber an und er könnte zu dem Schluss geraten, dass
er Anspruch auf einen Urlaub hat und das Jobcenter dafür zuständig ist. Hier
würde mangelndes Systemverständnis eine Rolle spielen. Zum anderen kommt
im Gesagten sein Wunsch nach Erholung zum Ausdruck, da er sich in einem
Beschäftigungsverhältnis befindet, das ihm offenbar körperlich und seelisch eine
Menge abverlangt. Möglicherweise hat Herr Ibrahim mitbekommen, dass Kollegen von ihm Urlaub machen und er möchte es ihnen gleichtun. Über das konkrete
Angebot für einen Urlaub in Oberbayern hat er möglicherweise durch Arbeits-
kollegen oder in sozialen Netzwerken erfahren. Vielleicht hat er in seinem Leben
noch nie mit eigenen Augen schneebedeckte Berge gesehen und es reizt ihn sehr,
dort mal hinzufahren – ein nachvollziehbares Bedürfnis.

Zu 5:

Individuelle Lösung. Herr Ritter sollte dem von Herrn Ibrahim Berichteten
zunächst einmal Aufmerksamkeit und Einfühlungsvermögen entgegenbringen.
Er sollte Fragen zum Beschäftigungsverhältnis stellen, um mögliche gesetzliche
Verstöße aufzudecken. Sollten sich diese abzeichnen, sollte er den Geflüchteten
an eine geeignete Beratungsstelle weiterleiten oder ihm den Wechsel in eine
andere Arbeitsstelle empfehlen. Außerdem kann Herr Ritter Herrn Ibrahim auch
seine Sorge über dessen offensichtliche Erschöpfung und Erholungsbedürftig-
keit widerspiegeln. Gleichzeitig muss er klarmachen, dass die Finanzierung eines
Urlaubs aus eigenen Mitteln zu bestreiten ist und viele Menschen einen Teil ihres
Gehaltes zurücklegen, um sich ein- oder zweimal im Jahr einen Urlaub leisten zu
können. Die Beratungsfachkraft sollte dem von Herrn Ibrahim gezeigten Urlaubs-
ziel Interesse entgegenbringen und ihn ermutigen, auf eine solche Reise hinzu-
arbeiten. Wichtig ist, dass es Herrn Ritter gelingt, die Enttäuschung bei Herrn
Ibrahim aufzufangen, sodass der Geflüchtete sich ihm auch künftig mit seinen
Anliegen anvertraut.

Fall 3: Viele Fragen und lange Gespräche

Frau Safadi lebt mit ihrem Ehemann und ihren vier Kindern (zwei, vier, zehn und 15 Jahre) in einer Bedarfsgemeinschaft. Sie stammt so wie ihr Mann aus Syrien und ist vor zwei Jahren im Rahmen des Familiennachzugs mit ihren Kindern nach Deutschland gekommen. Derzeit ist Frau Safadi mit dem fünften Kind schwanger. Geburtstermin ist in sechs Wochen. Der Mann von Frau Safadi lebt seit vier Jahren in Deutschland und ist als Flüchtling anerkannt. Er arbeitet in Vollzeit als Reinigungskraft.

Die Beratungsfachkraft hat Frau Safadi ins Jobcenter eingeladen. Zu dem Gespräch erscheint sie zusammen mit ihrem jüngsten Kind sowie ihrem ältesten Sohn, der im Unterschied zu Frau Safadi bereits gut Deutsch spricht. Bei dem Gespräch ist eine vom Jobcenter eingesetzte Dolmetscherin anwesend, die übersetzt.

Hintergrund des heutigen Gesprächs im Jobcenter ist der zum 20. des nachfolgenden Monats auslaufende Aufenthaltstitel von Frau Safadi und zwei ihrer Kinder. Die Beratungsfachkraft macht sich Sorgen, ob die Familie ihren Aufenthaltstitel noch rechtzeitig verlängern wird. Es ist der 15. des laufenden Monats.

Die Beratungsfachkraft erkundigt sich nach dem Stand der Dinge. Frau Safadi zeigt ein Schreiben, aus dem hervorgeht, dass der Termin mit der Ausländerbehörde für den 27. des Monats angesetzt ist. Zu diesem Zeitpunkt befinden sich die Leistungen des Jobcenters bereits im Zahllauf. Die Beratungsfachkraft erläutert, dass dieser Termin zu spät liegt, um noch das Geld für den Folgemonat anzupassen. Sie klärt auf, dass das Jobcenter ohne Aufenthaltstitel keine Leistungen gewähren kann. Die Beratungsfachkraft ruft bei der Ausländerbehörde an und erreicht, dass der Termin vorverlegt wird. Die Kundin und ihr Sohn bestätigen, dass sie diesen wahrnehmen werden.

Als die Beraterin bzw. der Berater an Frau Safadi die Frage richtet, wie es ihr geht, stellt die Kundin heraus, dass es ihr mit der Schwangerschaft sehr schlecht gehe. Die Kundin klagt über diverse gesundheitliche Beschwerden, worauf die Beratungsfachkraft empathisch reagiert.

Die Beratungsfachkraft erkundigt sich, ob Frau Safadi ihrerseits Fragen hat. Der Sohn zieht ein Papier aus der Tasche, aus dem hervorgeht, dass sich die Gebühr seiner Monatskarte für den Nahverkehr monatlich um einen Euro erhöht hat. Es geht um sechs Euro Mehrkosten im halben Jahr. Die Beratungsfachkraft erklärt, dass im Rahmen von Bildung und Teilhabe ein neuer Antrag gestellt werden muss. Mutter und Sohn schauen etwas ungläubig, worauf die Beratungsfachkraft erklärt, dass sie dafür nicht zuständig sei, sie sich jedoch an eine bestimmte Stelle wenden könnten, die den Neuantrag entgegennimmt.

Die Kundin möchte wissen, ob sie für ihr nächstes Baby wieder Geld für eine Ausstattung mit Kinderwagen usw. bekäme. Die Beratungsfachkraft erkundigt sich, ob sie die Ausstattung nicht noch vom letzten Kind hat, bei dem das Jobcenter die Kosten der Erstausstattung übernommen hatte. Frau Safadi antwortet, dass sie nicht mehr damit gerechnet habe, nochmals schwanger zu werden und sie deshalb die Sachen einer guten Freundin weitergegeben hätte. Die Beratungsfachkraft informiert, dass normalerweise nicht zweimal Leistungen für eine Erstausstattung gezahlt werden, sie jedoch Rücksprache mit ihrer Teamleitung halten wird. Außerdem verweist sie auf das Sozialkaufhaus, welches Frau Safadi offenbar noch nicht kennt.

Jetzt meldet sich der Sohn zu Wort und legt seinen syrischen Pass vor. Er sagt, dass sein Pass vor zwei Wochen abgelaufen sei. Außerdem würde der Pass seines Vaters in einem Monat seine Gültigkeit verlieren. Die Mutter ergänzt, dass sie von anderen Syrern wüssten, dass zwecks erneuter Prüfung der Flüchtlingseigenschaft demnächst mit einer Einladung des Bundesamtes für Migration und Flüchtlinge zu rechnen sei, bei der die Herkunft mithilfe geeigneter Ausweise nachgewiesen werden muss. Frau Safadi fragt nach, ob Kosten für die Fahrt nach Berlin und die Passverlängerung übernommen werden. Die Kundin deutet an, dass die Passverlängerung bis zu 700 EUR pro Person kosten kann.

Die Beratungsfachkraft informiert, dass sie prüfen lassen kann, ob die Kosten für die Passverlängerung über ein Darlehen finanziert werden können. Die Kundin fragt, welcher Antrag gestellt werden muss, damit die Kosten für die Passverlängerung übernommen werden. Das Gespräch dauert nun schon mehr als 45 min.

Fragen
1. Was geht Ihnen hier als Erstes durch den Kopf? Haben Sie eine solche oder ähnliche Situation schon einmal erlebt? Wie haben Sie reagiert?
2. Inwiefern kann es bei dem Fall aufseiten der Beratungsfachkraft Irritationen geben?
3. Wie erklärt es sich, dass die Kundin sich so verhält, wie sie sich verhält? Weshalb platzieren sie und ihr Sohn so viele Fragen?
4. Was erwarten die Kundin und ihr Sohn von der Beratungsfachkraft im Jobcenter? In welchen Rollen ist die Beraterin oder der Berater angesprochen? Wie geht die Beratungsfachkraft in dem Fallbeispiel mit den an sie gestellten Erwartungen bzw. Rollen um?
5. Welche dieser Rollen würden Sie annehmen, welche nicht?
6. Gibt es manchmal auch Erwartungen an das Jobcenter, weil Netzwerkpartner/ Schnittstellen sich nicht zuständig fühlen oder die Kunden mit den dortigen Gegebenheiten (Formulare, Vorsprachen) überfordert sind?

7. Welche Ansprüche seitens der Geflüchteten an das Jobcenter sind Ihrer Meinung nach in Ordnung, welche nicht?
8. Wie vermitteln Sie ggf. Kundinnen und Kunden mit Fluchthintergrund, dass Sie bestimmte Erwartungen nicht erfüllen können oder wollen?
9. Wie wird das Gespräch weitergehen? Wie hätten Sie in der Situation reagiert?

Lösungsskizze

Zu 1:
Individuelle Lösung. Erfahrene Beratungs- und Integrationsfachkräfte werden solche und ähnliche Situation sicherlich schon einmal erlebt haben, nicht nur, aber auch mit Flüchtlingskundinnen und -kunden.

Zu 2:
Die Fallbeschreibung kann aufseiten der Beratungsfachkraft in verschiedener Hinsicht zu Irritationen führen. Die Fragen, Anspruchs- und Erwartungshaltung der Kundin können bei ihr das Gefühl hervorrufen, mit einer stark fordernden oder auch unselbstständigen Person zu tun zu haben. Vielleicht ist die Beraterin oder der Berater auch einfach nur genervt, da sie oder er im Integrationsprozess nur sehr langsam vorankommt und sich die Rolle des Jobcenters stark auf Leistungsgewährung reduziert. Es kann auch ein Gefühl der Ohnmacht oder Ratlosigkeit mitschwingen bezüglich der Frage, wie eine nachhaltige Integration einer Familie mit so vielfältigen Problemlagen gelingen kann.

Zu 3:
Die Lebenssituation der Kundin und ihrer Familie ist von zahlreichen Schwierigkeiten und Herausforderungen geprägt. Die Familie ist mit vier Kindern für deutsche Verhältnisse relativ groß, die Mutter ist hochschwanger und sie spricht kein Deutsch. Damit kann sie sich in vielen alltäglichen Situationen nicht verständlich machen und ohne Deutschkenntnisse fehlt ihr eine wichtige Voraussetzung für die Teilhabe und selbstständige Erledigung ihrer Anliegen. Mit dem Jobcenter hat sie offenbar die Erfahrung gemacht, dass man ihr hier – sogar mit Dolmetscherin – in vielfältigen Fragen des Lebens weiterhilft. Es ist anzunehmen, dass Frau Safadi mit vielen Dingen in Deutschland überfordert ist und ihr sowie auch Teilen der Familie die notwendigen Anpassungsleistungen sehr schwerfallen. Gleichzeitig ist sie sehr gut über Unterstützungsleistungen informiert und möchte sich da nichts entgehen lassen. Da kommt die Hilfe des Jobcenters gerade recht.

Zu 4:

Als Nicht-Berufstätige nimmt Frau Safadi relativ viel Zeit in Anspruch und geht davon aus, dass auch das Jobcenter sich viel Zeit für sie nimmt. Zunächst einmal erwarten Frau Safadi und ihr Sohn von der Beratungsfachkraft im Jobcenter, dass sie umfassend mit finanziellen Leistungen versorgt werden. Selbst niedrig anmutende Beträge wie die Erhöhung der Gebühr für die Monatskarte um sechs Euro im halben Jahr, bei denen die Beantragung mit einem nicht unerheblichen bürokratischen Aufwand verbunden ist, werden eingefordert. Die Beratungsfachkraft im Jobcenter wird als Geberin von Geldleistungen gesehen, aber auch als Helferin, welche für die Kundin und ihre Familie alle Anliegen rund um das Leben klären und regeln soll.

In dem Fallbeispiel geht die Beratungsfachkraft differenziert mit den an sie gestellten Erwartungen um. Die Frage der weiteren Leistungsgewährung ist für die Versorgung der Familie so essenziell und existenziell, dass die Beratungsfachkraft hier mitdenkt und proaktiv handelt, bevor die Familie ohne bzw. mit reduzierten Leistungen dasteht. Hier setzt sie sich für eine Vorverlegung des Termins mit der Ausländerbehörde ein, damit die Zahlungen rechtzeitig angepasst werden können. Bei dem Anliegen nach Finanzierung der gestiegenen Kosten für die Monatskarte verweist sie auf die Stelle zum Bildungs- und Teilhabepaket. Das von Frau Safadi eingebrachte Anliegen, zwei syrische Pässe zu verlängern, kommt für die Beratungsfachkraft überraschend und ist für die Beratungsfachkraft neu. Hier zeigt sie auf, dass ein Darlehen geprüft werden kann. Sicherlich wird die Beratungsfachkraft vor einer Entscheidung nochmals Rücksprache mit ihrer Teamleitung halten. Das Anliegen steht beispielhaft für die Beobachtung, dass in den Gesprächen mit Geflüchteten oftmals neue Fragen auftreten, für die es noch keine eingespielten Prozesse im Jobcenter gibt.

Zu 5:
Individuelle Lösung.

Zu 6:

Es kommt häufig vor, dass sich Kunden mit Anliegen an ihre Ansprechpartnerinnen und Ansprechpartner im Jobcenter wenden, für die das Jobcenter nicht originär zuständig ist. Da werden beispielsweise Schreiben der Ausländerbehörde vorgelegt, welche die Geflüchteten nicht verstehen, oder Mitteilungen der Vermieter, welche die Geflüchteten sprachlich und inhaltlich überfordern.

Zu 7:

Individuelle Lösung. Die Beratungsfachkräfte im Jobcenter müssen in jedem Fall und in jeder Situation neu entscheiden, ob sie für ein Anliegen oder bei einem Problem der erste Ansprechpartner sind oder sie an andere Stellen verweisen. Hier kommt es darauf an, mit einem großen Netzwerk zusammenzuarbeiten, das möglichst viele der von den Geflüchteten vorgebrachten Anliegen abdeckt. Es gibt aber immer wieder auch Lücken im System, bei denen die Beratungsfachkräfte an ihre Grenzen stoßen. Zum einen fehlen an vielen Orten Angebote zur psychischen Stabilisierung von Geflüchteten (möglichst muttersprachlich oder mit gesicherter Finanzierung eines Dolmetschers) und zur Berufsberatung von Geflüchteten über 25 Jahre.

Zu 8:

Individuelle Lösung. Gegenüber der Familie Safadi ist es wichtig, gleichermaßen Empathie, aber auch Rollenbewusstsein zu zeigen. In jedem Gespräch wird um Erwartungen gehandelt. Wechselseitige Erwartungen werden kommuniziert, abgeglichen und dann wird entschieden, welche Erwartungen erfüllt werden können, und welche hingegen delegiert und zurückgewiesen werden müssen.

Zu 9:

Hilfestellungen zum Umgang mit Erwartungen in der Beratung von Geflüchteten sind im Gesprächsleitfaden im Abschn. 6.1 zusammengefasst. In dem skizzierten Gespräch wäre es sinnvoll, der Familie von Anfang an einen klaren Zeitrahmen vorzugeben. Zu Beginn des Gesprächs könnten alle zu klärenden Fragen und Anliegen erhoben werden, damit sich die Beratungsfachkraft einen Überblick verschaffen und sie die Beratungszeit entsprechend einteilen kann. Wenn der Themenspeicher zu umfangreich ausfällt, können die Punkte gemeinsam mit den Kundinnen und Kunden priorisiert werden. Ferner können bereits an dieser Stelle die Verantwortlichkeiten geklärt werden. Wenn das Gespräch ohne einen solchen Überblick beginnt und sich ein Problem an das andere reiht, ist zu befürchten, dass das Gespräch zeitlich ausufert und die Beratungsfachkraft gestresst aus dem Kontakt herausgeht. Die Fachkraft sollte stets dafür sorgen, dass die zeitliche und inhaltliche Steuerung des Gesprächs bei ihr liegt.

Fall 4: Heute dies, morgen das – Der sprunghafte Kunde

Sie haben den 23-jährigen Herrn Al-Hussein zum Gespräch eingeladen, um mit ihm über seine berufliche Zukunft zu sprechen. Herr Al-Hussein stammt aus Syrien, wo er ein Semester Archäologie studiert hatte, bevor seine Flucht begann. Durch den Besuch von Integrationskursen hat er das Sprachniveau B1 erreicht.[1]

Anfangs meinte Herr Al-Hussein, dass er weiter Deutsch lernen wolle, um das B2-Niveau zu erzielen und ein Studium aufzunehmen. Sie gaben dem Kunden die Rückmeldung, dass Ihrer Erfahrung nach in Deutschland mindestens das C1-, besser das C2-Level erreicht sein müssen, um bei Bewerbungen um einen Studienplatz erfolgreich zu sein und die Anforderungen eines Studiums meistern zu können.[2]

Vor drei Monaten erklärte der Kunde, dass er nunmehr ganz auf eine Ausbildung in Deutschland setzt. Er wolle Altenpfleger werden. Bei einem zweiwöchigen Praktikum im Altenpflegeheim erkannte er jedoch, dass diese Arbeit nichts für ihn sei, da er dafür nicht genügend Geduld mitbringe.

Bei dem Gespräch vor vier Woche legte Herr Al-Hussein dann das Weiterbildungsangebot eines privaten Anbieters aus einer 100 km entfernten Stadt im Bereich Sicherheitsmanagement vor. Die Weiterbildung sollte eine Woche dauern und 1000 EUR kosten. Sie lehnten die Finanzierung der Weiterbildung durch das Jobcenter ab. Sie einigten sich mit dem Kunden darauf, dass er stattdessen eine Maßnahme des Jobcenters besucht, die berufsbezogene Deutschförderung mit einer Qualifizierung im Bereich Lager und Logistik verbindet. Es gelang Ihnen, Herrn Al-Hussein davon zu überzeugen, dass in diesem Bereich zurzeit gute Beschäftigungschancen bestehen.

In dem heutigen Beratungstermin stellt Herr Al-Hussein heraus, dass er die Maßnahme abbrechen will, um innerhalb der nächsten vier Wochen eine Ausbildung zum Zahntechniker zu beginnen. Auf Ihre Nachfrage gibt er an, dass er bisher in diesem Bereich weder gearbeitet noch sich auf entsprechende Stellen beworben hat.

---

[1]Die Bezeichnung B1 bezieht sich auf ein Sprachniveau aus dem Gemeinsamen Europäischen Referenzrahmen für Sprachen (GER, s. z. B. Coste et al. 2013, S. 35), nach dem eine Person über eine selbstständig Sprachverwendung verfügt. Im Einzelnen bedeutet dies, dass sie die Hauptpunkte der jeweiligen Standardsprache versteht, insbesondere wenn es um vertraute Dinge aus Arbeit, Schule oder Freizeit geht. Sie kann sich einfach und zusammenhängend über vertraute Themen und persönliche Interessengebiete äußern und nicht zuletzt über Ansichten, Erfahrungen und Ereignisse berichten.

[2]Die Levels C1 und C2 stehen für eine kompetente Sprachverwendung.

Fragen

1. Was geht Ihnen hier als Erstes durch den Kopf? Haben Sie eine solche oder ähnliche Situation schon einmal erlebt? Wie haben Sie reagiert?
2. Mit welchen Berufsbildern ist der Kunde bisher in Kontakt gekommen?
3. Was ist gut an den Vorstellungen des Kunden? Was sind seine Ressourcen?
4. Wie kommt es, dass der Kunde bei jedem Gespräch andere Vorstellungen hat bzw. äußert? Welche Erklärungen kommen dafür in Betracht?
5. Wie kann die Situation weitergehen? Wie würden Sie mit dem Kunden weiterarbeiten?
6. Was sind bei der Gestaltung der Berufsorientierung von Geflüchteten häufig angewendete Praktiken? Wie gehen Sie Beratungen zur beruflichen Um- und Neuorientierung von Erwachsenen mit Fluchthintergrund an?

Lösungsskizze

Zu 1:
Individuelle Lösung. Viele Beratungs- und Integrationsfachkräfte – nicht nur, aber auch in den Jobcentern – lernen Geflüchtete kennen, die in ihrer beruflichen Orientierung unsicher und in ihren beruflichen Vorstellungen sehr sprunghaft sind – ähnlich dem beschriebenen Fall.

Zu 2:
Der Kunde ist bisher gedanklich und (oder) real mit folgenden Berufsbildern in Kontakt genommen: Archäologie, Altenpflege, Lager und Logistik, Berufe im Sicherheitsmanagement, Zahntechniker. Die entsprechenden Berufsbilder gehören nach dem Modell von Holland (Brüggemann und Rahn 2013) zu sehr unterschiedlichen Interessensfeldern, und zwar zum realistischen Typ (Lager und Logistik, Zahntechniker), forschenden Typ (Archäologie), sozialen Typ (Altenpflege) und konventionellen Typ (Sicherheitsbranche).

Zu 3:
Gut ist, dass Herr Al-Hussein offenbar relativ offen und aufgeschlossen ist. Er ist sich darüber im Klaren, dass er vor einer beruflichen Um- und Neuorientierung steht. Mit dem erfolgreichen Abschluss des Integrationskurses hat Herr Al-Hussein bereits nennenswerte Integrationsleistungen erbracht. Es gibt auch Anzeichen dafür, dass er seinen weiteren beruflichen Weg ein Stück weit an eigenen Interessen ausrichten möchte. Dafür spricht, dass er einen Beruf in der Altenpflege ausschließt. Gut ist schließlich auch, dass der Kunde an einem Ausbildungsberuf interessiert ist und selbst konkrete Berufswünsche äußert.

Zu 4:

Dafür, dass der Kunde immer wieder andere Berufswünsche anführt, kommen unterschiedliche Erklärungen in Betracht: Zum einen hat Herr Al-Hussein nicht das deutsche Schulsystem und damit nicht die für junge Menschen üblichen berufsorientierenden Angebote durchlaufen. Es scheint so, dass er sich zwischenzeitlich Kenntnisse des deutschen Bildungs- und Ausbildungssystems angeeignet hat, wonach auch eine Ausbildung und nicht nur ein Studium zu einer nachhaltigen beruflichen Integration führen kann. Zum anderen weiß Herr Al-Hussein offenbar (noch) nicht, woran er seine beruflichen Vorstellungen orientieren soll. In Deutschland besteht das Ideal, dass ein Beruf den persönlichen Interessen und individuellen Fähigkeiten einer Person entspricht. Dieser Anspruch ist jedoch in vielen Ländern, in denen sich die Berufswahl an Status, Beziehungen oder realen Zugangsmöglichkeiten orientiert, nicht üblich. Es lässt sich beobachten, dass auch in Deutschland manche Geflüchtete ihre beruflichen Vorstellungen nach (schnellem) Verdienst, Mode- oder Trendberufen und gesellschaftlichen Chancen ausrichten. Hinzu kann der mehr oder weniger explizit ausgesprochene Wunsch kommen, dass sich der Beruf auch bei einer Rückkehr ins Herkunftsland oder dem Wechsel in ein anderes Land ausüben lässt. Nur die wenigsten Geflüchteten haben Lebenskonzepte entwickelt, nach denen sie davon ausgehen, ihr gesamtes Leben in Deutschland zu verbringen. Dass Herr Al-Hussein plötzlich mit dem Berufswunsch „Zahntechniker" daherkommt, scheint einen konkreten Anlass zu haben. Im Echtfall berichtete der Kunde, dass sein Onkel in einem Nachbarland zu Syrien ein zahntechnisches Labor hätte und er dort perspektivisch arbeiten könnte.

Zu 5:

Individuelle Lösung. Die Beratungsfachkräfte in den Jobcentern sollten darauf hinwirken, dass es bei der Berufsfindung auch darum geht, die individuellen Interessen und Talente zu berücksichtigen. Ideal wäre es, wenn Herr Al-Hussein eine ausführliche Potenzialanalyse durchlaufen und eine individuelle Berufsberatung erfahren würde. Beide Angebote – Potenzialanalyse und Berufsberatung – sind extrem sprachgebunden, was bei den Ergebnissen stets reflektiert werden sollte. Darauf aufbauend könnten spezifische Maßnahmen zum Kennenlernen bestimmter Berufsfelder, Praktika oder ausbildungsvorbereitende Förderungen (Einstiegsqualifizierung usw.) ansetzen.

Zu 6:

Häufige Praxis in den Jobcentern ist es, berufliche Vorstellungen zu erfragen und diesen dann unhinterfragt nachzugehen. Nicht selten werden aber auch die

Berufswünsche der Geflüchteten als komplett unrealistisch abgetan und es werden Berufsbilder mit guten Jobperspektiven ins Gespräch gebracht. Mitunter wird auch versucht, nach dem Versuch-Irrtum-Prinzip die Kundinnen und Kunden diverse Maßnahmen oder Praktika durchlaufen zu lassen in der Hoffnung, dass sie dabei auf Berufsbilder stoßen, für die sie qualifiziert werden können. Nicht selten stellt sich in den Maßnahmen dann heraus, dass die erprobten Berufe doch nicht zu den Menschen passen. Die überspitzt dargestellten Praktiken sind wenig zielführend und für alle Beteiligten – die Beraterinnen und Berater genauso wie für die Geflüchteten – frustrierend. Die beschriebenen Handlungsweisen kommen im Übrigen nicht nur bei Zugewanderten, sondern auch bei jungen Menschen ohne Zuwanderungsgeschichte vor.

Bei der Arbeit mit und an Zielen sollten stets die Besonderheiten der Geflüchteten mit in Betracht gezogen werden: Sie sind in der Regel wenig beruflich orientiert und ihre Ausgangssituation hinsichtlich Sprachkenntnissen und Bildungsniveau kann extrem heterogen sein. Oft findet eine Orientierung der Berufswahl an Außenwirkung, Status/Image oder Trendberufen mit guten Chancen in der deutschen Gesellschaft statt. Migration bedeutet häufig einen sozialen Abstieg, was für die Betreffenden schwer zu realisieren ist. Darüber hinaus können diverse Hürden aufgrund einer Fluchtbiografie bestehen wie Kulturschock, Traumatisierung oder die Erwartung bzw. der Druck, schnell Geld verdienen zu müssen. Geflüchtete (und nicht nur sie) fühlen sich im komplexen Ausbildungs- und Bildungssystem orientierungslos und die eigenen Suchbewegungen führen nicht immer zum Erfolg. Hinzu können wenig Zuversicht und eine teilweise wenig geübte Fähigkeit zum Belohnungsaufschub kommen.

An einigen dieser Besonderheiten wie dem Systemverständnis, dem Gewinn an Zuversicht und der Fähigkeit zum Belohnungsaufschub kann beraterisch gearbeitet werden. Zunächst einmal sollte mit den Betreffenden ein Lebenskonzept entwickelt werden: Was ist der Person wichtig im Leben? Was sind für sie Merkmale eines guten Lebens? Es sollte auch dezidiert nachgefragt werden, wie die bisherigen beruflichen Ideen entstanden sind. Was sind Orientierungspunkte? Inwiefern spielen Dritte eine Rolle? Unumgänglich ist es, den Geflüchteten Feedback zu ihren beruflichen Vorstellungen zu geben und sie ggf. mit den Realisierungschancen zu konfrontieren. Systemisch-hypothetische Fragen können zur Entwicklung von Zielen, zirkuläre Fragen zur Relevanz Dritter und ressourcenorientierte Fragen zur Aktivierung von Stärken genutzt werden.

Zur Gestaltung beruflicher Um- und Neuorientierungen empfiehlt sich der Einsatz des Gesprächsleitfadens zur Arbeit an beruflichen Vorstellungen und Zielen im Abschn. 6.2.

Fall 5: Folterszenen auf dem Handy
– ein Kunde schildert seine Gewalterlebnisse
Eine Beratungsfachkraft hat einen Kunden zu einem Erstgespräch eingeladen, nachdem die Anlaufstelle bzw. Leistungsabteilung seinen Antrag auf Arbeitslosengeld II bewilligt hat. Sie will ihn heute kennenlernen und mit ihm über seine berufliche Zukunft sprechen. Der 25-jährige Kunde stammt aus Ar-Raqqa in Syrien.

Nach der Begrüßung und einem kurzen Kennenlernen, bei der die Beratungsfachkraft ihre Aufgaben darstellt, fragt sie den Kunden nach seinen in Syrien erworbenen Qualifikationen und möglichen Berufserfahrungen. Der Kunde berichtet, dass er von Angehörigen des sog. Islamischen Staates gekidnappt und er nach einigen Wochen Gefangenschaft von seiner Familie für viel Geld freigekauft wurde. In der Gefangenschaft wurde er gefoltert und war bei Gewaltanwendungen gegen andere Gefangene zugegen.

Der Kunde zieht sein Handy aus der Hosentasche und zeigt der Beratungsfachkraft Videos, in denen schockierende Gewalt- und Folterszenen zu sehen sind. Der Kunde sagt: „Sehen Sie, so was meine ich. Das ist normal."

Die Beratungsfachkraft ist so entsetzt, dass sie nicht weiß, was sie als nächstes sagen soll.

Variante 1
Eine Kundin aus dem Irak berichtet von der körperlichen und seelischen Gewalt, die ihr Vater gegenüber ihrer Mutter im Herkunftsland ausgeübt hat (Schläge, demütigende Beschimpfungen, Hausarrest etc.).

Variante 2
Eine Mitarbeiterin oder ein Mitarbeiter aus dem Beratungsteam, die oder der in einem anderen Land aufgewachsen ist, berichtet Kolleginnen/Kollegen und (oder) der Teamleitung von der im Herkunftsland erlebten und (oder) beobachteten Gewalt in der Schule, im öffentlichen Leben und (oder) in der Familie.

Fragen
1. Was geht Ihnen hier als Erstes durch den Kopf? Haben Sie eine solche oder ähnliche Situation schon einmal erlebt? Wie haben Sie reagiert?
2. Weshalb ist die Beratungsfachkraft entsetzt? Welche ihrer Werte und Standards sind irritiert?
3. Was kann den Kunden dazu bewegen, seiner Beratungsfachkraft von den Folterungen und der Gewalt zu berichten? Weshalb unterstreicht er das Gesagte mit Videos auf seinem Handy?
4. Wie sollte die Beratungsfachkraft reagieren und weiter mit dem Kunden arbeiten?

Lösungsskizze

Zu 1:
Individuelle Lösung. Nicht nur Beratungs- und Integrationsfachkräfte berichten über solche oder ähnliche Situationen, sondern auch ehrenamtlich Engagierte oder Lehrende in Integrationskursen.

Zu 2:
Die Beratungsfachkraft ist entsetzt, da die Auseinandersetzung mit Gewalt, insbesondere Folterungen und extreme Gewaltanwendung, nicht Teil ihres privaten oder beruflichen Alltags sind. Als Akteurin oder Akteur im Jobcenter ist die Fachkraft auf die beruflichen Belange einer Person fokussiert und spezialisiert – ihr Themenfeld ist der Arbeitsmarkt, nicht die psychosoziale Beratung. Sie mag vielleicht schon über die Medien vom Terror des IS, Folterungen und Entführungen gehört haben, aber dass plötzlich eine Person vor ihr sitzt, die solche Gewalt selbst erlebt hat, bringt sie aus dem Konzept. Terror und Krieg sind nun nicht mehr weit weg, sondern die Fachkraft wird damit hautnah in ihrem Beruf konfrontiert. Das Beratungsgespräch läuft nicht in die geplante Richtung hinsichtlich der Integration in Ausbildung und Arbeit, sondern ist von einem Thema dominiert, was so weder vorherzusehen noch geplant war.

Es besteht die Gefahr einer sekundären Traumatisierung, das heißt dass das von der geflüchteten Person Gezeigte oder Berichtete auf die Fachkraft ähnlich zerstörend wirken kann, wie auf die Person, die das tatsächlich erlebt hat. Und das mit allen Folgen, welche auch die unmittelbar Betroffenen durchmachen: z. B. dass das Berichtete in Gedanken und Träumen ständig wiederholt wird sowie Gefühle der Ohnmacht und Hilflosigkeit auftreten.

Zu 3:
Weshalb der Kunde seiner Beratungsfachkraft die Foltervideos zeigt, dafür kann es unterschiedliche Erklärungen geben: Zum einen will er vielleicht der Beratungsfachkraft signalisieren, dass es ihm gerade nicht gut geht, ihn die Erlebnisse stärker als das Thema Arbeit beschäftigen und er nach Hilfe zur Aufarbeitung des Erlebten sucht. Zum anderen möchte er möglicherweise zusätzlich die Glaubwürdigkeit des von ihm Berichteten unterstreichen. Sehr wahrscheinlich ist, dass mediale Dokumentationen zentraler Teil seines Alltags sind und es ganz normal für ihn ist, dass er Gesagtes mit Bildern und Filmen unterstreicht. Das Verhalten des Kunden kann auch viele indirekte Botschaften enthalten, beispielsweise diejenige, dass er aufgefordert ist, schnell und möglichst viel Geld zu verdienen, um die Zahlungen aus der Entführung zu begleichen.

Zu 4:
Zunächst einmal sollte die Beratungsfachkraft dem Offenbarten mit Empathie und Verständnis begegnen. Gleichzeitig kann sie auch über Ich-Botschaften deutlich machen, dass sie schockiert ist und keine weiteren Bilder oder Details seiner Geschichte erfahren möchte, da sie dies überfordert und sie für den Umgang mit solchen Schilderungen nicht ausgebildet ist. Dass die Beraterin sich die gezeigten Szenen ansieht, ist auch wichtig, um die Gefahr einer emotionalen Ansteckung und sekundären Traumatisierung abzuwehren. Von einer solchen sind Menschen betroffen, welche die Geschehnisse zwar nicht selbst durchgemacht haben, diese aber berichtet bekommen. Dies kann mit ähnlichen Symptomen wie ein Posttraumatisches Belastungssyndrom einhergehen, zum Beispiel Alpträume, Burnout und Niedergeschlagenheit (Daiber und Rahmani 2018, S. 172).

Gleichwohl kann die Beraterin herausfinden, welche Signale der Geflüchtete mit der Geschichte senden möchte: Geht es ihm nicht gut? Braucht er Hilfe bei der Aufarbeitung des Erlebten? Muss er Geldzahlungen leisten? Je nach Bedeutung des Berichts richtet sich dann das weitere Handeln, zum Beispiel der Verweis auf eine Einrichtung zur psychosozialen Beratung von Geflüchteten.

Zu den Varianten:
Die Lösungsskizzen verlaufen im Prinzip gleich. Treten Gewaltberichte bei Beschäftigten im eigenen Team auf, sollte überlegt werden, welche internen Hilfen des Arbeitgebers dem Mitarbeiter oder der Mitarbeiterin ggf. angeboten werden können.

Fall 6: Kein Familiennachzug – ein Kunde ist ausgezehrt
Sie haben den 24-jährigen Herrn Khalili zu einem Gespräch eingeladen. Er durchläuft gerade eine Einstiegsqualifizierung in einem Autohaus, um sich auf eine Ausbildung als Kfz-Mechatroniker vorzubereiten.

Herr Khalili kommt aus Syrien und hat in den vergangenen Monaten Ihrer Meinung nach beachtliche Integrationsleistungen gezeigt: Die Deutschkurse hat er nach Plan und erfolgreich durchlaufen. Der jetzige Arbeitgeber hat sich schon vor einigen Wochen sehr positiv über die Leistungen und den Integrationswillen des Geflüchteten geäußert, sodass Sie davon ausgehen, dass einem Ausbildungsbeginn in wenigen Wochen nichts entgegensteht. Herr Khalili erklärt seine hohe Motivation unter anderem damit, dass er plane, seine 17-jährige Frau und seine zweijährige Tochter nach Deutschland zu holen, die derzeit in einem libanesischen Flüchtlingscamp leben.

Wegen verschiedener Umstände wie Urlaub und Krankheit findet erst heute wieder ein Gespräch statt, bei dem Sie den Kunden auf den Ausbildungsbeginn und -vertrag ansprechen wollen. Der letzte Termin liegt acht Wochen zurück. Als Sie Herrn Khalili im Wartebereich abholen, sind Sie schockiert: Der Kunde ist körperlich deutlich abgemagert und ausgezehrt. Im Büro angekommen, fragen Sie ihn mit ernstem Blick, wie es ihm geht. Er holt ein zweiseitiges Schriftstück der für diese Angelegenheiten zuständigen Behörde hervor. Darin wird unter Bezug auf zahlreiche Paragrafen ein Familiennachzug abgelehnt, weil die Frau zum Zeitpunkt der Eheschließung zwölf Jahre alt war.

Variante
Herr Khalili hat seine Einstiegsqualifizierung abgebrochen, verhält sich aufgeregt und leicht aggressiv gegenüber dem Berater oder der Beraterin.

Fragen
1. Was geht Ihnen hier als Erstes durch den Kopf? Haben Sie eine solche oder ähnliche Situation schon einmal erlebt?
2. Wie würde es Ihnen in einer solchen Situation gehen?
3. Wie stellt sich die Situation für den Kunden dar?
4. Wie kann die Beratungsfachkraft reagieren und weiter mit dem Kunden arbeiten?
5. In welchen Situationen stoßen Sie bei Ihrer Arbeit an Grenzen, beispielsweise solche gesetzlicher oder gesellschaftlicher Art?

Lösungsskizze

Zu 1 und 2:
Individuelle Lösung. Beratungsfachkräfte in den Jobcentern werden immer wieder mit den Schreiben anderer Behörden wie dem Ausländeramt oder dem Bundesamt für Migration und Flüchtlinge konfrontiert, die sie fachlich oder menschlich nicht nachvollziehen können. In dem beschriebenen Fallbeispiel ist die Beratungsfachkraft schockiert. Doch die Reaktionen der Fachkräfte mögen sehr unterschiedliche ausfallen, je nach Typ sachlich-distanziert bis betroffen.

Zu 3:
Der Kunde hat an einen Nachzug seiner Familie geglaubt. Das hat ihm offenbar über lange Zeit viel Zuversicht und Motivation verliehen. Dass er die Sprachkurse nach Plan und mit Erfolg durchlaufen hat, spricht für ihn. Eine Einmündung in Ausbildung steht kurz bevor und damit der vorläufige Abschluss

einer langen Integrationskette. Nun allerdings wird Herr Khalili in seinen Anpassungsbemühungen von einem Tag auf den anderen zurückgeworfen. Die Entscheidung, dass seine Familie nicht nach Deutschland kommen kann, vielmehr, dass seine Ehe nicht einmal vor dem deutschen Staat anerkannt ist, bedeutet für ihn eine Tragödie und wirft ihn in seinem Engagement und Glauben an die Zukunft zurück.

Zu 4:
Die Beratungsfachkraft sollte zunächst einmal empathisch und mit Verständnis reagieren. Gleichzeitig sollte sie ihre Sorge um den körperlichen und seelischen Zustand des Kunden zum Ausdruck bringen. Es sieht so aus, dass Herr Khalili jetzt eine psychische Stabilisierung braucht, bevor der Integrationsprozess weitergehen kann. Je nach Selbstverständnis der Beratungsfachkraft kann auch auf die Option hingewiesen werden, sich rechtlich beraten zu lassen. Migrationsberatungsstellen dürften hier mehr Handlungsspielräume haben als staatliche Institutionen.

Zu 5:
Individuelle Lösung. Integrationsfachkräfte im Jobcenter stoßen bei ihrer Arbeit tagtäglich an unterschiedliche Grenzen, welche durch Gesetze, gesellschaftliche Umstände, die Eigenschaften der Kundinnen, ihre besonderen Verhaltensweisen wegen des Fluchthintergrunds und durch die eigene Persönlichkeit (z. B. Belastbarkeit) bestimmt sind. Hier einige Beispiele: Ein Arbeitgeber will beispielsweise keine Frauen mit Kopftuch einstellen, ein Geflüchteter behält beim Vorstellungsgespräch seine Jacke an, was den Personalreferenten sehr verwundert, ein Kunde wohnt in einem kleinen Zimmer und hat Bettwanzen. Große Familien bringen mitunter komplexe Lebenslagen und Probleme mit, die weit über Fragen beschäftigungsorientierter Beratung und Vermittlung hinausgehen usw.

Fall 7: Klagen über Benachteiligungen
– eine Kundin fühlt sich in der Arbeitswelt diskriminiert
Sie haben Frau Kaplan zum Gespräch eingeladen. Die 30-jährige Kundin trägt ein Kopftuch. Sie ist als Fünfjährige mit den Eltern (Kurden) und sechs Geschwistern nach Deutschland gekommen. Die Familie lebte jahrelang mit Duldung und in der Sozialhilfe.

Die Kundin ist verheiratet und hat keine Kinder. Sie stellt offen heraus, dass sie einen starken Kinderwunsch hat, der derzeit jedoch aus gesundheitlichen Gründen nicht realisierbar sei. Die Kundin hat eine Ausbildung als Altenpflegehelferin abgeschlossen. Nach der Ausbildung hat sie noch kurze Zeit (ein paar Monate) im gelernten Beruf gearbeitet. Anschließend war sie krank oder hat als Hausfrau ohne Leistungsbezug gelebt. Seit zwei Jahren ist sie arbeitslos gemeldet.

Ziel der Beratungsfachkraft ist es heute, Frau Kaplan zu einer Maßnahme zu motivieren, durch die sie wieder an den Arbeitsmarkt herangeführt wird. Darauf angesprochen, berichtet die Kundin von Diskriminierungen, die sie in der Vergangenheit am Arbeitsplatz erlebt hat. So hätten sie „die Russinnen und die Polacken" wegen ihrer Religion gegängelt. Ohnehin sei es so, dass wenn sie ein Arbeitgeber mit ihrem Kopftuch sähe, sie keine Chance hätte. „Die wollen keine Frauen mit Kopftuch", betont Frau Kaplan. Und weiter: „Schon damals in der Schule ist es so gewesen, dass man uns immer gesagt hat: Ihr habt hier in Deutschland nichts zu suchen. Geht doch dorthin zurück, woher ihr gekommen seid." Egal, was die Beratungsfachkraft vorschlägt, die Kundin befürchtet stets Ausgrenzung und Benachteiligung. All das habe sie psychisch so sehr belastet, dass sie zurzeit krankgeschrieben sei. An sich wolle sie aber arbeiten. Die Kundin sagt: „Mit alten Menschen zu arbeiten ist wirklich schön."

Fragen

1. Was geht Ihnen hier als Erstes durch den Kopf? Haben Sie eine solche oder ähnliche Situation schon einmal erlebt? Wie haben Sie reagiert?
2. Wie kommt es, dass die Kundin von Benachteiligungen am Arbeitsplatz erzählt? Welche Erklärungen kommen hierfür in Betracht? Welche Signale sendet sie damit der Beratungsfachkraft?
3. Was wissen Sie über mögliche Akzeptanzprobleme von Zugewanderten in der Arbeitswelt? Woran machen sich Benachteiligungen fest?
4. Wie kann die Situation weitergehen? Wie würden Sie mit der Kundin weiterarbeiten?

Lösungsskizze

Zu 1:
Individuelle Lösung. Klagen über Benachteiligungen von Migrantinnen und Migranten am Arbeitsplatz gehören in vielen Jobcentern zum Beratungsalltag.

Zu 2:
Die Haltung von Frau Kaplan kann von ihrer ethnisch-kulturellen Zugehörigkeit geprägt sein. Kurden bilden eine in verschiedenen Ländern stark diskriminierte Gruppe. Die Eltern können ihre Erfahrungen und Einstellungen an die Kinder

weitergegeben und sie für Benachteiligungen besonders sensibel gemacht haben. Frau Kaplans Ausgrenzungserfahrungen in der Schule können die Eindrücke mangelnder Akzeptanz verstärkt haben. Nicht zuletzt werden dazu auch die Kettenduldungen beigetragen haben: Das heißt, dass die Familie jahrelang von Abschiebung bedroht war und damit ihre Chancen, in Deutschland anzukommen und sich zu integrieren, deutlich erschwert waren.

Die Kundin sendet mit ihrer Erzählung das Signal, dass sie die benachteiligenden Erfahrungen, die sie Zeit ihres Lebens in Deutschland erlebt hat, sehr verletzt und gekränkt haben. In dem Verhalten der Kundin spiegelt sich auch eine große Unsicherheit und eine Gespaltenheit wieder: Einerseits weist sie eine gewisse Erwerbsorientierung auf, andererseits möchte sie ihr Selbstwertgefühl vor weiteren Diskriminierungserfahrungen schützen.

Zu 3:
Individuelle Lösung. Studien zeigen, dass es zum Beispiel Vorbehalte mancher Arbeitgeber gegenüber Auszubildenden gibt, die ein Kopftuch tragen. Sie begründen dies mit persönlicher Ablehnung, mit der Befürchtung, dass Kolleginnen und Kollegen im Betrieb Abneigungen entwickeln könnten und damit der Betriebsfrieden gestört wäre oder dass entsprechende Frauen bei der Kundschaft, besonders im Einzelhandel, auf Ablehnung stoßen würden (Gestring et al. 2006). Die Akzeptanz eines Kopftuches in der Arbeitswelt dürfte sicherlich aber in den letzten Jahren an vielen Orten gestiegen sein.

Dass die Bewerbungen von jungen Menschen mit türkischen Namen bei Arbeitgebern weniger Beachtung finden, ist in einer anderen Studie bestätigt worden (Schneider et al. 2014). Danach braucht ein Bewerber mit türkischem Namen eineinhalb Mal so viele Bewerbungen für einen Ausbildungsplatz wie einer mit deutschem Namen, bis er zu einem Bewerbungsgespräch eingeladen wird.

Zu 4:
Zunächst einmal sollten die Ressourcen der Kundin gewürdigt werden: Sie betont mehrfach, dass sie gerne mit älteren Menschen arbeitet, und sie zeigt eine gewisse Erwerbsorientierung. Sie bräuchte eine Maßnahme, in der ihre Erwerbsorientierung, Zuversicht und Selbstwirksamkeitserwartungen gestärkt werden. Diese könnte auch ein Training zum Thema Selbstsicherheit im Beruf enthalten, in dem sie lernt, auf Verunsicherungen und diskriminierende Äußerungen kompetent zu reagieren. Denn einen 100-prozentigen Schutz vor Diskriminierung in der Arbeitswelt wird es für die Kundin sicher auch in der Zukunft nicht geben.

**Fall 8: Integration kurz- oder langfristig
– Erwerbsarbeit versus Deutschkurs**

Als Fachkraft im Jobcenter stehen Sie in engem Kontakt mit Frau Blume. Frau Blume ist in einer Migrationsberatungsstelle für Erwachsene tätig. Ihre langjährige Erfahrung in der Beratung von Menschen in komplexen Lebenssituationen schätzen Sie sehr.

Sie nehmen einen Anruf von Frau Blume an. Sie berichtet über Herrn Fahdel, einen Geflüchteten aus dem Irak, der nach einer Tätigkeit als Lagerhelfer Arbeitslosengeld I bezieht und sich in den nächsten Tagen ans Jobcenter wenden wird, um seine Leistungen mit Grundsicherung aufzustocken.

Frau Blume teilt Ihnen mit, dass man sich mit Herrn Fahdel auf Deutsch verständigen kann. Lesen und Schreiben auf Deutsch kann er nicht. Er hatte zwar schon einmal einen Integrationskurs begonnen, diesen jedoch bei Aufnahme seiner Erwerbstätigkeit abgebrochen.

Der Geflüchtete will nunmehr wieder einen Integrationskurs besuchen, um damit seine Chancen auf eine bessere Arbeit zu steigern oder vielleicht sogar studieren zu gehen. Das würde allerdings bedeuten, dass er über längere Zeit Leistungen des Jobcenters beziehen müsste.

Frau Blume fragt Sie, wie in dem Fall von Herrn Fahdel weiter verfahren werden kann.

Fragen

1. Was geht Ihnen hier als Erstes durch den Kopf?
2. In welcher Situation befindet sich der (künftige) Kunde?
   Was sind seine Ressourcen?
3. Weshalb strebt Herr Fahdel einen Sprachkurs an?
   Was verspricht er sich davon?
4. Welches sind die Vorteile eines Sprachkurses aus Sicht des Jobcenters?
5. Welche Schwierigkeiten bringt dies aber mit sich oder welche Folgen hat es, wenn Sie den Ausbau der Deutschkenntnisse bei Herrn Fahdel fördern?
6. Wie würden Sie auf die Anfrage reagieren?
7. Wo zeigt sich in Ihrer Arbeit das in diesem Fall aufgezeigt Dilemma zwischen schneller, aber nicht unbedingt passgenauer und häufig nicht nachhaltiger Integration in den Arbeitsmarkt, sowie dem Bestreben, über (lange) Qualifizierungswege eine bessere Integration zu erreichen?
8. Wie überzeugen Sie erwerbsorientierte Geflüchtete von den Vorteilen bzw. der Notwendigkeit einer Qualifizierung (z. B. Ausbildung)?
9. Wie viel Geld und Anstrengungen sollte die Gesellschaft Ihrer Meinung nach in die Integration von Geflüchteten investieren?

Lösungsskizze

Zu 1:

Individuelle Lösung. Das Dilemma zwischen kurzfristiger Integration in den Arbeitsmarkt über einen Helferjob einerseits und einer langfristigen Integration in eine qualifizierte Tätigkeit andererseits dürfte vielen Integrationsfachkräften bekannt sein.

Zu 2:

Herr Fahdel hatte als Lagerhelfer eine vorübergehende Integration in den Arbeitsmarkt und eigene Existenzsicherung ohne Sozialleistungen erreicht. Vermutlich hat er sich diesen Job selbst gesucht. Gut ist, dass er damit über erste Arbeitserfahrung in Deutschland verfügt. Die kommunikativen Anforderungen am Arbeitsplatz werden mit dafür gesorgt haben, dass sich der Geflüchtete heutzutage im Alltag mündlich auf Deutsch verständigen kann. Aber bezüglich seiner Lese- und Schreibkompetenz ist er im Deutschen Analphabet. Damit sind seine Teilhabechancen in der Gesellschaft und die weitere Integration erschwert.

Zu 3:

Vermutlich hat Herr Fahdel erkannt, dass er ohne Lese- und Schreibkompetenz beruflich nicht weiterkommt. Daran möchte er jetzt etwas ändern. Die Arbeitslosigkeit begreift Herr Fahdel als Anlass, seine Deutschkenntnisse und ggf. auch Qualifikationen auszubauen und damit seine langfristigen Chancen am Arbeitsmarkt zu verbessern. Was seinen weiteren Weg betrifft, denkt Herr Fahdel „vielleicht" sogar an ein Studium.

Zu 4:

Aus Sicht des Jobcenters hat ein Sprachkurs den Vorteil, dass Herr Fahdel seine Deutschkenntnisse ausbaut und sich somit für ihn Chancen auf einen Ausbildungs- oder Studienplatz eröffnen. Voraussetzung für eine nachhaltige Integration in den Arbeitsmarkt ist eine abgeschlossene Berufsausbildung oder ein Studium. Fehlende Qualifikation ist ein großes Risiko für Langzeitarbeitslosigkeit und gilt es aus Sicht von Akteuren am Arbeitsmarkt zu vermeiden.

Zu 5:

Die Förderung der Deutschkenntnisse von Herrn Fahdel hat aus Sicht des Jobcenters auch kritische Seiten. Zunächst sollten mit der Agentur für Arbeit die Zuständigkeit und Integrationsstrategie abgestimmt werden. Mit einem Deutschkurs in Vollzeit rutscht der Geflüchtete wieder in längerfristigen Leistungsbezug, den es eigentlich zu verhindern gilt. Ein Helferjob würde ihn dagegen kurzfristig von Leistungen des Jobcenters fast oder vollständig unabhängig machen.

Zu 6 und 7:
Individuelle Lösung.

Zu 8:
Hilfestellungen zur Überzeugungsarbeit hinsichtlich Ausbildung und Qualifizierung von Geflüchteten sind im Gesprächsleitfaden im Abschn. 6.3 wiedergegeben.

Für die Überzeugungsarbeit sollte Zeit eingeplant werden. Zur Anwendung kommen können eine Reihe von Argumentationstechniken, in denen die Nutzenaspekte aus Sicht des Geflüchteten aufbereitet werden. Vorteile einer Qualifizierung können beispielsweise sein: Verbesserung des Aufenthaltsstatus, ggf. höhere Chancen bei einem Familiennachzug, mittel- und langfristig bessere Verdienstmöglichkeiten, interessante berufliche Aufgaben und Tätigkeiten, welche die Potenziale des Geflüchteten stärker abrufen, mehr Akzeptanz bei der Arbeit und in der Gesellschaft. Nicht zu verkennen sind langfristig die eigene Existenzsicherung und die Unabhängigkeit vom Jobcenter, und damit verbunden die selbstbestimmte Entscheidung über Wohnort, Wohnung und Arbeitsplatz.

Zu 9:
Individuelle Lösung.

Gesprächsleitfäden für Integrationsfachkräfte

6

Nachfolgend finden sich für drei typische und erfolgskritische Situationen in der Integrationsberatung Gesprächsleitfäden:

1. Erwartungsmanagement in der Beratung
2. Suche nach beruflichen Vorstellungen und Zielen
3. Überzeugungsarbeit hinsichtlich Ausbildung und Qualifizierung

Formulierungshilfen in den Gesprächsleitfäden werden in *kursiver Schrift* wiedergegeben. Alle Formulierungshilfen verstehen sich als Empfehlung, keinesfalls als Patentrezept. Die situativen und individuellen Bedingungen müssen im Handeln der Beratungsfachkräfte stets mit berücksichtigt werden.

In die Kommunikation mit Geflüchteten sollte je nach Deutschkenntnissen leichte oder einfache Sprache zur Anwendung kommen, was nachfolgend nicht durchgehend, aber in Ansätzen realisiert wurde. Für die Kommunikation in leichter oder einfacher Sprache gibt es eigene Übungsbücher, auch mit SGB-II-Bezug (z. B. Helmle 2017).

6.1 Leitfaden zum Erwartungsmanagement in der Beratung

Geflüchtete stellen zahlreiche Erwartungen an Beratungsfachkräfte in Jobcentern. Die Forschungsergebnisse zeigen, dass Fluchtmigrantinnen und -migranten passiv-zurückhaltend („Entscheiden Sie für mich!") bis stark fordernd („Sie müssen mir helfen!") auftreten. In die Erwartungshaltung spielt auch der Umstand hinein, ob die Kundinnen und Kunden vom Jobcenter eingeladen worden oder selbst

© Springer Fachmedien Wiesbaden GmbH, ein Teil von Springer Nature 2020
B. Franzke, *Geflüchtete in Ausbildung und Arbeit vermitteln*, essentials,
https://doi.org/10.1007/978-3-658-28801-3_6

um einen Gesprächstermin gebeten haben. Beides kommt vor und gerade bei Geflüchteten ist es durchaus üblich, dass sie selbst auf das Jobcenter zugehen – sei es mit oder ohne vorherige Terminvereinbarung.

Abfrage, Abgleich und Steuerung von Erwartungen stehen am Anfang eines Beratungsgesprächs und sind neben der Zielbestimmung Teil der Auftragsklärung. In dieser Phase legen die Beteiligten fest, zu welchen Themen sie zusammenarbeiten und wie sich die Beziehung zwischen ihnen gestalten soll (Franzke 2012). Um inhaltliche Anliegen zu erheben, bieten sich die Fragen an:

- *Was möchten Sie heute mit mir besprechen?*
- *Was muss hier passieren, damit das Gespräch für Sie hilfreich ist oder ein Erfolg wird?*

Die Anliegen der Kundinnen und Kunden können für alle gut sichtbar auf einem Blatt Papier notiert werden. Nach der ersten Antwort sollten die Kundinnen und Kunden nochmals gefragt werden:

- *Gibt es noch etwas, das Sie heute mit mir besprechen wollen?*

Denn in manchen Kulturkreisen ist es nicht üblich, seine Probleme sofort offen zu legen, sondern indirekt anzudeuten oder erst auf Nachfrage mitzuteilen.

Anschließend ergänzt die Beratungsfachkraft auf dem Papier diejenigen Punkte bzw. Themen, welche sie mit der Kundin oder dem Kunden besprechen möchte und die noch nicht genannt wurden. Sie kann ein gemeinsames Gesprächsziel vorschlagen, indem sie beispielsweise sagt:

- *Ziel des heutigen Gesprächs ist es, …*

Damit liegen die Themen anschaulich offen und sind festgelegt. Die Beratungsfachkraft kann nun eine Reihenfolge nahelegen oder bestimmen, in der die Inhalte aufgegriffen werden. Dabei sollte sie auch die Wichtigkeit und Dringlichkeit aus Sicht der Kundinnen und Kunden berücksichtigen.

Falls die Themenfülle in der angesetzten Gesprächszeit nicht behandelt werden kann, sollte die Beratungsfachkraft bereits an dieser Stelle den Kundinnen und Kunden rückmelden, dass Prioritäten gesetzt werden müssen. Beispielsweise kann sie fragen:

- *Welche zwei oder drei Themen sind für Sie besonders wichtig?*

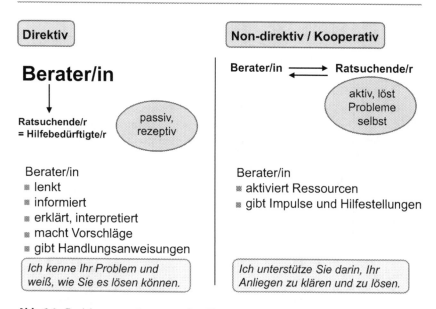

Abb. 6.1 Beziehungsgestaltung und Erwartungsmanagement in der Beratung (in Anlehnung an Franzke 2012)

Nach der Verständigung auf Gesprächsinhalte geht es um die Beziehungsgestaltung.

Denkbar ist das gesamte Spektrum zwischen direktiv und non-direktiv bzw. kooperativ. Merkmale der jeweiligen Beratungsstile sind in Abb. 6.1 zusammengefasst.

Um mehr über die Erwartungen seitens der Geflüchteten zu erfahren, können folgende Fragen platziert werden:

- *Wie kann ich Ihnen bei diesem Thema/Problem weiterhelfen?*
- *Was erwarten Sie jetzt von mir?*
- *Wie kann ich Sie dabei unterstützen?*

Die von den Kundinnen und Kunden genannten Erwartungen sollten die Beratungsfachkräfte in eigenen Worten zusammenfassen (paraphrasieren) und den Ratsuchenden zurückspiegeln, beispielsweise mit den Worten:

- *Sie erwarten also von mir, dass ich Ihnen eine größere Wohnung beschaffe.*

Oder

• *Sie erwarten also von mir, dass ich Sie bei der Suche nach einer Arbeit unterstütze.*

Das (verbale und nonverbale) Äußern von Verständnis für die zugeschriebene Rolle ist keinesfalls mit einem Einverständnis der Beratungsfachkraft gleichzusetzen. Sie sollte lediglich die Erwartungen und aktuelle Befindlichkeit der Kundinnen und Kunden genau erfassen und ihnen empathisch begegnen. Dies ist insbesondere der Fall, wenn bei den Geflüchteten hoher Leidensdruck besteht, beispielsweise aufgrund prekärer Wohnverhältnisse oder Schwierigkeiten bei der Jobsuche.

Die der Beratungsfachkraft zugeschriebenen Erwartungen bzw. Rollen gilt es, kritisch zu hinterfragen. Nicht jede Rolle ist eine, welche die Beraterin oder der Berater annehmen und ausfüllen kann; manche Erwartungen müssen korrigiert, delegiert oder sogar entschieden zurückgewiesen werden. So sind die Rollen „Geldgeber", „Unterstützer", „Wegweiser/Lotse", „Arbeitsvermittler", „Integrationshelfer", „Zuhörer" oder „Helfer" einem persönlichen Ansprechpartner im Jobcenter immanent, andere Rollen wie „Immobilienmakler", „Schuldenberater", „Therapeut" oder „Konfliktschlichter in familiären Angelegenheiten" jedoch nicht. Die Rolle der persönlichen Ansprechpartnerinnen und -partner trägt sowohl helfende und unterstützende als auch steuernde, kontrollierende bis hin zu sanktionierende Aspekte in sich. Die Beratungsfachkraft sollte die zu ihrer Aufgabe passenden und zu erfüllenden Erwartungen annehmen bzw. die entsprechenden Rollen auswählen. Andere Erwartungen oder Rollen kann sie an Netzwerkpartner delegieren oder sie muss sich von ihnen distanzieren.

Erwartungen und Rollen, welche eine Beratungsfachkraft im Jobcenter bespielen kann, können auf diese Weise kommuniziert werden:

• *Ich unterstütze Sie darin ...*
• *Ich helfe Ihnen dabei ...*

Erwartungen, welche die Beraterin oder der Berater selbst einbringt und die vom Kunden oder der Kundin eingefordert werden (müssen), können eingeleitet werden mit:

• *Ich erwarte von Ihnen ...*
• *Wenn Sie ... tun (z. B. Unterlagen bringen), dann kann ich ... tun (z. B. Antrag bewilligen).*

Auf Erwartungen, bei denen die Beratungsfachkraft nur teilweise oder gar nicht weiterhelfen kann, kann sie reagieren mit:

- *Ich kann Sie darin unterstützen ...*
- *Ich kann Ihnen dabei helfen ...*
- *Nicht unterstützen kann ich Sie bei ...*
- *Nicht weiterhelfen kann ich Ihnen bei ...*
- *Ich empfehle Ihnen, sich an ... zu wenden.*

Als schwierig erleben Beraterinnen und Berater oft die Erwartung von Geflüchteten, dass sie für die Zugewanderten die Verantwortung übernehmen sollen, obwohl diese selbst in der Pflicht sind bzw. in der Verantwortung stehen. Dies ist beispielsweise der Fall, wenn ein Kunde erwartet, dass das Jobcenter für ihn eine neue Wohnung beschafft oder Leistungsanträge für ihn ausfüllt. Hier muss die Beratungsfachkraft klar machen, dass die Betreffenden selbst die Aufgabe zu erledigen haben.

Formulierungshilfen in solchen Situationen können sein:

- *Ich sehe, dass es für Sie neu/schwierig ist, solche Anträge auszufüllen/eine Wohnung zu suchen. Leider ist es nicht meine Aufgabe, dies für Sie zu machen/ zu übernehmen. Das ist Ihre Aufgabe. Das kann ich nicht für Sie tun. Sie können das aber schaffen. Bei Fragen wenden Sie sich an ...*

Gerade beim Erwartungsmanagement sollte die Kommunikation mit Geflüchteten in leichter oder einfacher Sprache zur Anwendung kommen, da hier nicht nur ein inhaltliches, sondern auch ein Verstehen auf der Beziehungsebene entscheidend für den Aufbau eines Arbeitsbündnisses ist.

6.2 Leitfaden zur Suche nach beruflichen Vorstellungen und Zielen

Die berufliche Orientierung ist eine Kernaufgabe in der Beratung mit geflüchteten Menschen.

Bei der Beratungsarbeit mit Geflüchteten sollte stets mit bedacht werden, dass viele von ihnen aus Ländern kommen, die wenig Stabilität kennen. Durch Kriege, Bürgerkriege, wirtschaftliche Turbulenzen, soziale Unruhen und Umweltkatastrophen sind den Betreffenden Planung und zielorientiertes Handeln oftmals fremd oder das Vertrauen in stabile Verhältnisse ist grundlegend erschüttert worden. In der Folge ist das Verhalten häufig auf die unmittelbare Situation und nicht auf mögliche Ziele in der Zukunft ausgerichtet. Die Suche nach beruflichen Vorstellungen und Zielen beinhaltet somit, dass parallel die Gedanken von Geflüchteten an eine grundsätzliche Planbarkeit der Zukunft und des eigenen Lebens gestärkt werden. Planen, Ziele setzen und verfolgen sowie der reflektierte, sparsame Umgang mit Geld entspringen westeuropäischem Lebens- und Kulturkonzepten, die durchaus hinterfragt werden können. Die beschäftigungsorientierte Beratung und das ihr zugrunde liegende Sozialgesetzbuch II sind an diesen Wertvorstellungen stark orientiert, sodass sich Menschen, die auf soziale Leistungen des Staates angewiesen sind, dem nicht entziehen können. In diesem Sinne verstehen sich die nachfolgenden Empfehlungen.

Der Gesprächsleitfaden richtet sich primär an Personen mit Fluchthintergrund zwischen 18 und 30 Jahren, die im Rahmen von Deutschkursen ein Sprachniveau zwischen A2 und B2 erreicht haben.[1] Die Betreffenden haben bislang keinen in Deutschland anerkannten Ausbildungs- oder Berufsabschluss erzielt.

Das Gespräch kann mit sehr offenen Fragen beginnen wie:

- *Wie stellen Sie sich Ihre berufliche Zukunft in Deutschland vor?*
- *Was wollen Sie in Deutschland arbeiten?*

Falls sich jemand bereits Gedanken zum Thema Beruf gemacht hat, können sich die Fragen anschließen:

- *Welche Berufe in Deutschland sind für Sie interessant?*
- *Welche Berufe in Deutschland kennen Sie durch Freunde, Bekannte und Familie?*
- *Wie gefallen Ihnen diese Berufe?*
- *Welche Berufe finden Freunde, Bekannte oder Familienangehörige von Ihnen gut?*

Die Beratungsfachkraft kann die Antworten der Geflüchteten in eigenen Worten zusammenfassen, um Verständnis zu signalisieren und das Verständnis abzusichern. Eine Bewertung der genannten Berufe sollte an dieser Stelle noch nicht stattfinden.

---

[1]Es handelt sich dabei um eine elementare (A) bis selbstständige (B) Sprachverwendung.

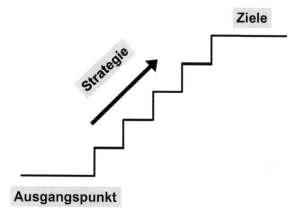

Abb. 6.2 Treppenmodell zur Gestaltung beruflicher Um- und Neuorientierung

Wenn eine berufliche (Um- und Neu-)Orientierung ansteht, ist es sinnvoll, mit dem sog. Treppenmodell zur Gestaltung beruflicher Integrationsprozesse zu arbeiten (vgl. Abb. 6.2), dieses den Geflüchteten zu erklären und auch entsprechend zu visualisieren.

Das Treppenmodell entspricht in seinen Eckpunkten den Grundzügen eines Projektmanagements. Am Anfang gilt es, den **Ausgangspunkt** zu bestimmen, das heißt die **Interessen und Potenziale des Geflüchteten zu erheben.** Dann beginnt die Zielarbeit. Erst in einem dritten Schritt wird überlegt, wie die Person die Ziele auch erreichen kann. Die Erfahrung zeigt, dass sich Prozesse der beruflichen Um- und Neuorientierung mit Geflüchteten über mehrere Jahre erstrecken, insbesondere wenn Qualifizierungen wie Ausbildungen durchlaufen werden sollen.

Zusammen mit den Ratsuchenden wird eine Standortbestimmung vorgenommen. Das Gespräch über berufliche Interessen und Stärken kann hier ein Baustein sein. Neben den anfangs genannten Berufsbildern können folgende Fragen zur weiteren Verortung beitragen:

- *Wenn Sie an die Schule zurückdenken, welche Fächer haben Ihnen Spaß gemacht?*
- *Was machen Sie gerne in Ihrer Freizeit?*
- *Was sind Ihre Stärken und Talente, was können Sie richtig gut?*
- *Woraus leiten Sie das ab?*
- *Angenommen, ich frage Ihre Familie, welche Stärken und Talente Sie haben, was würde sie mir sagen?*

Die Beratungsfachkraft sollte erklären, dass sich die Berufswahl in Deutschland an persönlichen Interessen und Fähigkeiten ausrichtet. Unternehmen suchen Personen, die an bestimmten Arbeitsplätzen gut sind und motiviert arbeiten. Bevor jemand eine Arbeit bekommt, müssen sich die Interessierten bewerben. Bewerbungsverfahren können schriftliche Tests, Interviews und Arbeitsproben enthalten. Persönliche Sympathie kann ein Faktor für die Einstellung sein, aber auch Leistung zählt.

Um mehr über die Interessen und Stärken einer Person zu erfahren, kann die Beratungsfachkraft geeignete Maßnahmen zur Kompetenzfeststellung und Potenzialanalyse vorschlagen.

In einem **zweiten Schritt** (s. Treppenmodell) geht es darum, dass die Geflüchteten **Zielvorstellungen** entwickeln. Allgemeine Fragen können hierbei sein:

- *Was ist Ihnen wichtig im Leben?*
- *Was sind für Sie Merkmale eines guten Lebens?*
- *Wonach richten sich wichtige Entscheidungen in Ihrem Leben?*
- *Wer hat dabei eine Mitsprache?*

Spezifischer sind hingegen Fragen wie:

- *Wenn es nur nach Ihnen ginge, welche Berufe können Sie sich vorstellen?*

Angenommen, Sie wären in Deutschland (Beruf),

- *wie wäre das für Sie?*
- *was wären typische Aufgaben?*
- *wie sähe ein typischer Tag aus?*
- *wie würden Ihre Freunde, Bekannte und Familie darüber denken?*

Unabhängig davon, ob sich hier ein Interesse an bestimmten Berufsbildern herauskristallisiert, kann die Beratungsfachkraft anregen, dass die Person an einer Maßnahme zur beruflichen Erprobung bzw. Orientierung teilnimmt.

Erst im **dritten Schritt** werden **Wege bzw. Strategien zum Ziel** betrachtet. Die Geflüchteten können sich in der Treppe verorten. Mit dem Bestehen von Deutschkursen wurden erste Etappen erfolgreich zurückgelegt. Die Beraterin oder der Berater klärt auf, welche Schritte zum angestrebten Ziel richtig und wichtig sind. Als hilfreich zur Gestaltung persönlicher Veränderungsprozesse mit Blick auf ein bestimmtes Ziel haben sich folgende Fragen erwiesen:

- *Was müssen Sie mehr tun?*
- *Was müssen Sie neu tun?*
- *Was müssen Sie weniger tun?*
- *Was müssen Sie aufhören zu tun?*

Sollten die beruflichen Vorstellungen nicht zur Qualifikation bzw. zu den Talenten oder Interessen der Person passen, sollte die Beratungsfachkraft informieren und nicht vor einer Konfrontation und einem klaren Feedback zurückscheuen. Formulierungshilfen können sein:

- *In Deutschland wird von Menschen, die in diesem Beruf arbeiten, erwartet, dass Sie ... können. Ihre Kompetenzen/Qualifikationen reichen hierfür im Moment nicht aus. Sie würden bei der Arbeit Probleme bekommen.*

Oder auch:

- *Statt (Beruf) empfehle ich Ihnen, einen ähnlichen Beruf zu lernen oder auszuüben, bei dem es die Probleme/Barrieren nicht gibt und bei dem Sie die Chance haben erfolgreich zu sein.*

Bei sehr hartnäckigen Personen, die ihre unrealistischen oder falschen Vorstellungen nicht loslassen, kann „Lernen über Schmerzen" anvisiert werden: Die Betreffenden können beispielsweise ein Praktikum machen, dabei ihre Lücken erfahren und so vielleicht von einer notwendigen Qualifizierung überzeugt werden.

Unter die Treppenstufen kann die Zeit eingetragen werden, welche der jeweilige Schritt erfordert. So wird den Betreffenden deutlich, dass der Integrationsprozess Anstrengung und Zeit bedürfen und dass dieser lange dauern kann, gerade bei Zielen, die eine Qualifizierung in Deutschland voraussetzen. Damit die Motivation aufrechterhalten wird, ist es wichtig, dass die Betreffenden von ihrem Ziel und der Attraktivität ihres Ziels überzeugt sind. Geflüchtete sollten deshalb gefragt werden, ob sie zum Belohnungsaufschub bereit sind und diesen Weg wirklich gehen wollen. Unterstützend können ressourcenorientierte Fragen zum Einsatz kommen:

- *Wo haben Sie schon einmal Geduld und Ausdauer in Ihrem Leben gezeigt/ bewiesen?*
- *Weshalb lohnt es sich, die Mühen auf sich zu nehmen?*
- *Was können Sie tun, um sich immer wieder zu motivieren?*

Auf dem Weg zum Ziel setzen zum Ziel passende Strategien wie arbeitsmarktpolitische Maßnahmen an. Auch der Kontakt zu Rollenvorbildern kann motivierend sein. Argumentationshilfen für eine Ausbildung oder Qualifizierung finden sich im nachfolgenden Gesprächsleitfaden.

6.3 Leitfaden zur Überzeugungsarbeit hinsichtlich Ausbildung und Qualifizierung

In Beratungsgesprächen mit Geflüchteten kommen Integrationsfachkräfte häufig in die Situation, die Betreffenden von einer Ausbildung oder Qualifizierung zu überzeugen. Die Vorstellungen der Geflüchteten gehen oft dahin …

- ohne Ausbildung und Qualifizierung in den Arbeitsmarkt einzusteigen bzw. in Helferjobs weiterhin tätig zu bleiben, um sofort eigenes Geld zu verdienen (und damit z. B. Familienangehörige im Ausland zu unterstützen).
  Mögliche Nachteile: Sie bewegen sich in prekären Beschäftigungsverhältnissen, bleiben parallel im Leistungsbezug und (oder) haben häufige Phasen der Erwerbsunterbrechung, in denen sie auf soziale Leistungen angewiesen sind.
- in Deutschland auf ein Studium zu setzen, weil einige Geflüchtete dies als einzigen Qualifizierungsweg aus ihren Herkunftsstaaten kennen und sich davon einen hohen Status versprechen.
  Mögliche Nachteile: Die Hürden für einen Zugang zum Studium in Deutschland sind hoch, und auch ein erfolgreiches Studium setzt Eigenständigkeit und große Anpassungsleistungen bei den Betreffenden voraus. Außerdem kann soziale Anerkennung in Deutschland auch in einem Beruf gefunden werden, der über eine qualifizierte Ausbildung gelernt wurde.

Zehn Argumente für eine Ausbildung oder Qualifizierung sind:

Rechtlich

* Sicherung des Aufenthaltsstatus bzw. verbesserte Bleibeperspektiven (z. B. über Ausbildungsduldung bzw. 3 + 2-Regelung).[2]
* Ggf. bessere Chancen beim Familiennachzug: Eine (abgeschlossene) Ausbildung wird vielerorts als Pluspunkt bzw. Nachweis bei der Integration gewertet.

Wirtschaftlich

* Langfristig höherer Verdienst sowie hohe Wahrscheinlichkeit einer nachhaltigen Integration in den Arbeitsmarkt (kontinuierliche Erwerbsarbeit) mit einer dauerhaften Unabhängigkeit/Autonomie vom Jobcenter, was unter anderem bedeutet, Wohnung und Wohnsitz selbst wählen und ggf. Familienangehörige im In- und Ausland noch besser unterstützen zu können.

Sozial

* Höherer gesellschaftlicher Status als in nicht qualifizierten Tätigkeiten bzw. vergleichbarer Wert von Studium und Ausbildung.
* Statusgewinn/Anerkennung durch die Familie, Vorbild für die Kinder sein.

Beruflich

* Neustart und Möglichkeiten der Korrektur einer früheren Berufswahl.
* Bessere Aufstiegs- und Entwicklungsmöglichkeiten im Beruf, Perspektive auf bessere berufliche Positionen.
* Möglichkeiten zum Lernen, zum Beispiel über berufsbezogene Sprachförderung während der Ausbildung/Qualifizierung, Erweiterung der sozialen Netzwerke.
* Steigerung des Selbstwerts, mehr Selbstvertrauen.
* Ein Studium ist später immer noch möglich. Die Chancen, dieses dann erfolgreich abzuschließen, steigen durch bessere Deutschkenntnisse und berufliche Vorerfahrungen.

---

[2]Bei der Ausbildungsduldung handelt es sich um eine Bestimmung im Aufenthaltsgesetz, nach der ein Geflüchteter, dessen Asylantrag abgelehnt wurde, eine Ausbildung in Deutschland beginnen und abschließen sowie eine zweijährige Anschlussbeschäftigung ausüben kann.

Es gilt, kommunikativ den Nutzen einer Ausbildung oder Qualifizierung über eine
sogenannte Vorteilsübersetzung deutlich zu machen. Eine Nutzenargumentation
besteht aus drei Teilen:

Inhalt/Thema, hier	Überleitendes Verb	Vorteil
Eine Ausbildung/ Qualifizierung	unterstützt, sichert, erhöht, hilft, stärkt, garantiert, dient, gewährt, ermöglicht, fördert, sorgt für, verhindert, schützt vor, spart, befreit von	

Die aufgezählten Vorteile könnten wie folgt übersetzt werden:

Eine Ausbildung/Qualifizierung …

Überleitendes Verb	Vorteil
verbessert	Ihren Aufenthaltsstatus und Ihre Bleibeperspektiven (z. B. über Ausbildungsduldung bzw. 3 + 2-Regelung).
verbessert	Ihre Chancen beim Familiennachzug: Eine (abgeschlossene) Ausbildung wird vielerorts als Pluspunkt bzw. Nachweis bei der Integration gewertet.
sichert Ihnen	einen langfristig höheren Verdienst. So können Sie Ihre Familie besser unterstützen. Außerdem ist die Wahrscheinlichkeit groß, dass Sie nicht so häufig arbeitslos werden. Ihre Chance auf eine eigene Existenzsicherung steigt. Sie sind dann unabhängig vom Jobcenter und können beispielsweise selbst entscheiden, wo und wie Sie wohnen wollen.
führt zu	einem höheren gesellschaftlichen Status als Helferjobs. Ausbildung und Studium haben in Deutschland den gleichen Wert.
sorgt für	einen Statusgewinn und eine Anerkennung durch die Familie. Ihre Kinder sehen in Ihnen ein Vorbild.
ermöglicht Ihnen	einen Neustart und die Korrektur einer früheren Berufswahl.
erhöht Ihre Chancen auf	beruflichen Aufstieg und Entwicklung im Beruf. Ihre Perspektive auf eine gute berufliche Position verbessert sich.
fördert	das Lernen, z. B. über berufsbezogene Sprachförderung während der Ausbildung/Qualifizierung. Außerdem erweitern Sie Ihr Netzwerk aus Freunden und Bekannten.
steigert	Ihr Selbstvertrauen. Sie fühlen sich gut und trauen sich etwas zu.
ermöglicht Ihnen	den Zugang zum Studium zu einem späteren Zeitpunkt. Ihre Chancen auf einen Platz und auf einen erfolgreichen Abschluss sind gut, weil sie noch besser Deutsch können und sich bereits mit der Arbeitswelt auskennen.

Beratungsfachkräfte können aus dem vielseitigen Spektrum der Argumente diejenigen herausgreifen, welche aus Sicht der Geflüchteten die größte Überzeugungskraft haben. Dies hängt sicherlich vom Einzelfall und der Lebenssituation der jeweiligen Geflüchteten ab.

Grundsätzlich sollten die drei bis vier schlagkräftigsten Argumente zitiert werden, und zwar in folgender Reihenfolge (vgl. Abb. 6.3):

Zu Beginn steht ein gutes, plausibles Argument aus Sicht der Ratsuchenden, zum Beispiel die Perspektive auf einen langfristig höheren Verdienst, verbunden mit zahlreichen weiteren Vorteilen. Die durchgeführte Forschung zeigt, dass Geflüchtete durchaus bereit sind, drei Jahre weniger zu verdienen, um dann über mehr Geld als in einer Helfertätigkeit zu verfügen (Hagen 2019). In der Mitte der Argumentationskette werden ein oder zwei kleinere Argumente platziert, zum Beispiel die besseren Aufstiegs- und Entwicklungsmöglichkeiten sowie die Berufsbezogene Deutschförderung. Am Ende steht das größte, wichtigste Argument aus Sicht der Geflüchteten wie die besseren Bleibeperspektiven.

Es ist damit zu rechnen, dass die Adressaten der Argumente Einwände und Gegenargumente hervorbringen. Dann ist es empfehlenswert, dass die Beratungsfachkräfte zwischen tatsächlichen Einwänden und Vorwänden unterscheiden. Nur inhaltlich stichhaltige Einwände brauchen in die weitere Diskussion einzufließen.

Mögliche Einwände gegen eine Ausbildung oder Qualifizierung seitens der Geflüchteten können sein:

- schnell Geld verdienen wollen/müssen,
- Ausbildung und berufliche Qualifizierung sind nicht bekannt,
- ein Studium wird höher bewertet als eine Ausbildung.

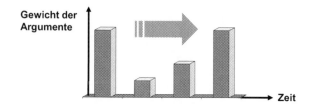

Abb. 6.3 Aufbau einer wirkungsvollen Argumentationskette

Beraterinnen und Berater können hier folgendermaßen reagieren:

- auf langfristig bessere Verdienstmöglichkeiten hinweisen,
- Ausbildung und berufliche Qualifizierung als in Deutschland häufig praktizierte und chancenreiche Bildungsformen erklären,
- für eine Gleichwertigkeit von Ausbildung und Studium argumentieren und aufzeigen, dass nach einer Ausbildung der Weg zum Studium weiterhin offen steht und die Chancen auf einen Studienplatz steigen (z. B. durch bessere Deutschkenntnisse und berufspraktische Erfahrungen).

Aufgrund einer gruppenorientierten kulturellen Prägung kann es vorkommen, dass sich Geflüchtete bei ihren beruflichen Vorstellungen auch oder sogar ausschließlich von ihrem sozialen Umfeld beeinflussen lassen. Ggf. sollten relevante Akteurinnen und Akteure mit ins Gespräch einbezogen werden oder die Betreffenden sind darin anzuleiten, relevante Andere von ihrem Vorhaben zu überzeugen. Mentorinnen/Mentoren, Vorbilder und Rollenmodelle, die bereits das erreicht haben, was die Betreffenden vorhaben, können in diesem Zusammenhang ebenfalls gute Überzeugungsarbeit leisten.

Was Sie aus diesem *essential* mitnehmen können

- Die Integration von Geflüchteten in Ausbildung und Arbeit ist ein mehrstufiger Prozess und dauert oft mehrere Jahre.
- Bei Geflüchteten mit guter Bleibeperspektive steuern Fachkräfte in Arbeitsmarktinstitutionen den gesamten Prozess von der Stabilisierung der Lebenssituation und Sprachförderung über die berufliche Orientierung bis hin zu Ausbildung und Qualifizierung.
- Der Aufbau und die Aufrechterhaltung eines tragfähigen Arbeitsbündnisses sind dabei notwendige Bedingungen.
- Bei der beruflichen Orientierung von Geflüchteten geht es um die Suche nach realistischen Zielen und Vorstellungen, die zu den Interessen und Potenzialen der Betreffenden passen.
- Eine nachhaltige Integration setzt eine Ausbildung oder Qualifizierung voraus, wofür oftmals Überzeugungsarbeit geleistet werden muss.

© Springer Fachmedien Wiesbaden GmbH, ein Teil von Springer Nature 2020
B. Franzke, *Geflüchtete in Ausbildung und Arbeit vermitteln,* essentials,
https://doi.org/10.1007/978-3-658-28801-3

Literatur

Brüggemann, T., & Rahn, S. (Hrsg.). (2013). *Berufsorientierung. Ein Lehr- und Arbeitsbuch.* Münster: Waxmann.

Cohen-Emerique, M. (2006). Der Kulturschock als Weiterbildungsmethode und als Forschungsinstrument. In H. Nicklas, B. Müller, & H. Kordes (Hrsg.), *Interkulturell denken und handeln. Theoretische Grundlagen und gesellschaftliche Praxis* (S. 317–327). Bonn: Bundeszentrale für politische Bildung.

Coste, D., North, B., & Trim, J. (2013). *Gemeinsamer europäischer Referenzrahmen für Sprachen: lernen, lehren, beurteilen.* Stuttgart: Langenscheidt bei Klett.

Daiber, S., & Rahmani, Z. (2018). Psychologische Betreuung Geflüchteter. Ein Pyrrhussieg für freiwillig Engagierte? In S. Zajak & I. Gottschalk (Hrsg.), *Flüchtlingshilfe als neues Engagementfeld. Chancen und Herausforderungen des Engagements für Geflüchtete* (S. 157–182). Baden-Baden: Nomos.

Fiedler, F. E., Mitchell, T., & Triandis, H. C. (1971). The culture assimilator: An approach to cross-cultural training. *Journal of Applied Psychology, 55,* 95–102.

Franzke, B. (2012). Kommunikation und Beratung II: Beratungsgespräche im Kontext SGB II. In F. Egle & H. Genz (Hrsg.), *Fit für Arbeitsvermittlung, Beratung und Integration* (S. 361–386). Schriftenreihe Arbeit und Bildung des Heinrich-Vetter-Forschungsinstituts für Arbeit und Bildung e. V. (HVFI). Frankfurt a. M.: Lang.

Franzke, B. (2017). *Interkulturelle Kompetenz und verantwortungsvolles Handeln in der Flüchtlingshilfe. Ein Praxisbuch für ehrenamtlich Engagierte.* Mannheim: Wellhöfer.

Franzke, B. (2019a). *Faktoren einer wirtschaftlich und sozial erfolgreichen Integration von Menschen mit Fluchthintergrund in den Ausbildungs- und Arbeitsmarkt der Metropolregion Rhein-Neckar. Unveröffentlichter Forschungsbericht zum qualitativen Teil.* Mannheim: Deutsch-Türkisches Institut für Arbeit und Bildung e. V.

Franzke, B. (2019b). „Unser Anteil an der gesellschaftlichen Integration (…) geht weit darüber hinaus, was im SGB II steht". Aufgaben und Anforderungen an Beratungsfachkräfte in Jobcentern im Kontext der Integration von Geflüchteten in den Arbeitsmarkt. *Der Öffentliche Dienst,* 12/2019, 281–289.

Franzke, B., & Shvaikovska, V. (2016). *Interkulturelles Training in einer Einwanderungsgesellschaft. 55 Critical Incidents für die Arbeitsfelder Jobcenter, Kommunalverwaltung, Kunst und Polizei.* Bielefeld: Bertelsmann.

© Springer Fachmedien Wiesbaden GmbH, ein Teil von Springer Nature 2020
B. Franzke, *Geflüchtete in Ausbildung und Arbeit vermitteln*, essentials,
https://doi.org/10.1007/978-3-658-28801-3

Gestring, N., Janßen, A., & Polat, A. (2006). *Prozesse der Integration und Ausgrenzung. Türkische Migranten der zweiten Generation*. Wiesbaden: VS Verlag.

Hagen, T. (2019). *Faktoren einer wirtschaftlich und sozial erfolgreichen Integration von Menschen mit Fluchthintergrund in den Ausbildungs- und Arbeitsmarkt der Metropolregion Rhein-Neckar* (Unveröffentlichter Forschungsbericht zum quantitativen Teil). Mannheim: Deutsch-Türkisches Institut für Arbeit und Bildung e. V.

Helmle, K.-S. (2017). Leichte Sprache für Institutionen des Arbeitsmarktes. Handreichung zur Einführung Leichter Sprache im Rahmen von interkulturellen Öffnungsprozessen. Hrsg. von Projekt klever-iq, Fachdienst Jugend, Bildung, Migration & BruderhausDiakonie. www.netzwerk-iq.de/fileadmin/Redaktion/Downloads/IQ_Publikationen/Zielgruppen/Jobcenter_und_Arbeitsagenturen/2017_Leichte_Sprache.pdf. Zugegriffen: 1. Nov. 2019.

Institut für den Situationsansatz. (2007). Zur Kommunikation zwischen Eltern und Erzieher_innen bei Konflikten. https://situationsansatz.de/files/texte%20ista/fachstelle_kinderwelten/kiwe_pdf/Zusammenarbeit_zw_Eltern_u_Erzieher_innen_bei_Konflikten.pdf. Zugegriffen: 1. Nov. 2019.

Layes, G. (2007). Kritische Interaktionssituation. In J. Straub, A. Weidemann, & D. Weidemann (Hrsg.), *Handbuch interkulturelle Kommunikation und Kompetenz. Grundbegriffe – Theorien – Anwendungsfelder* (S. 384–391). Stuttgart: Metzler.

Organisation for Economic Cooperation and Development. (Hrsg.). (2017). Nach der Flucht: Der Weg in die Arbeit. Arbeitsmarktintegration von Flüchtlingen in Deutschland. www.oecd.org/berlin/publikationen/Arbeitsmarktintegration-von-Fluechtlingen-in-Deutschland-2017.pdf. Zugegriffen: 1. Nov. 2019.

Podsiadlowski, A. (2007). *Interkulturelle Kommunikation und Zusammenarbeit – Interkulturelle Kompetenz trainieren – Mit Übungen und Fallbeispielen*. München: Vahhen.

Schneider, J., Yemane, R., & Weinmann, M. (2014). *Diskriminierung am Ausbildungsmarkt: Ausmaß, Ursachen und Handlungsperspektiven. Sachverständigenrat Deutscher Stiftungen für Integration und Migration*. Berlin: SVR.

Thomas, A. (Hrsg.). (1993). *Kulturvergleichende Psychologie. Eine Einführung* (S. 377–424). Göttingen: Hogrefe.

Printed in the United States
By Bookmasters